大展好書 好書大展

前言

現在的中國正備受矚目。

理由很簡單，中國斷然「自行其道」。即使在隔鄰的日本，也始終無法發現「自己的道路」，因此開始注意中國的腳步。

但是仔細想一想，任何事情並非都是現在才開始的。日本與中國已有二千年以上的關係，而且又是隔壁鄰國，互相關注也是理所當然。尤其是在過去的一百年中，日本和中國的關係非常複雜奇怪，中日兩國發生戰爭，這場戰爭中，中國成為戰場，蒙受很大的損害。

戰爭結束後，中國大陸經由人民解放鬥爭得到勝利，取代了國民黨的「中華民國」，建立了中國共產黨的「中華人民共和國」。這是一九四九年十月一日的事。

失敗後的國民黨政府流亡到台灣，現在在該地進行經濟建設。因此產生了「一個中國」、「兩個中國」、「一個中國、一個台灣」、「台灣獨立」等議論。但是，這是必須由中國人本身來決定的問題，而不是無條件投降的日本可以參與的問題。

中國最高權力者鄧小平已逝世，最近所謂「鄧小平死後」的議題正被廣泛談論著。不過這也是中國人所決定的問題，外國即使任意推測，也只是頭腦體操而已。對日本而言，最希望的就是鄧小平死後，中國人要發揮英明的智慧，避免大混亂，朝現在的改革開放路線邁進。而我也確信如此。這是因為和日本不同的是中國這二、三十年來，雖然經歷迂迴曲折，反覆錯誤的試驗，卻仍能致力於安定和團結，堅定的朝自己的道路——改革開放路線——前進所致。

但是，為什麼日本及歐美都預測後鄧小平會是混亂的，甚至希望中華人民共和國會因混亂而走向毀滅的議論絡繹不絕呢？我認為這只是利用自己的價值觀來推測而已。

冷戰後的世界混亂，大多是因為對多樣化的價值觀欠缺包容所引起的。應該更了解對方、不能輕視對方。做一些無端的推測，這是最應唾棄的事情。

因此，對於正備受矚目的中國，我們更應深入去了解它才行。

我們「中國研究懇談會」，就是秉持這種態度，在政治、經濟、外交、社會、文化等多方面，儘量從較廣闊的視野來認真的進行意見交換，持續對中國的研究。

這次出版的『中國的危機與商機』，就是集以往學習的結果而成的。今後，希望以此為踏板，以充實、發展更高、更廣、更深、更遠的研究內容為目標。

期待能有更多志同道合的朋友來協助、支援及教導。

中江要介

目錄

第二部 中國經濟、金融的演變

第三部 中國產業、企業的變化

第一部

中國的政治、軍事的改變

1 中國政治的基本方向

1 中國統治的基本

中國有句俗諺說「民以食爲天」。這是「王以民爲天」的對子。如果王（＝權力）不能夠得到民意，也就無法成爲王。那麼要如何得到民意呢?就是食爲職。持續經濟發展，使庶民得到職，不缺食物的話，中國社會就能安定。

但是，隨著市場經濟化的進步，中國社會蓄積大幅度社會變動的要因，且對外也易受這世界市場變動的影響而難以掌控。

中國雖然逐漸追趕上日本的GNP，但因其人口規模約爲日本的十倍，所以以一人所得來看，也只不過是日本的十分之一而已。當然還有各種計算出現，最重要的就是即使是假設，我們也能做這樣的比較，以前高度成長的日本和停滯不前的中國是無法比較的，如今可以比較了，由此可見鄧平小經濟改革的功績卓著。

在毛澤東時代，鄧小平從「皇帝－毛澤東」學到戰略，從「宰相－周恩來」那兒學到行政手腕，雖然歷經三度失敗、三度復活，但他在這個過程中所鍛鍊出來的政治能力、調整能力，在一九七八年十二月的十一屆三中全會中成爲主流派之後全面發揮。

鄧小平經過「摸石渡河」的錯誤嘗試之後，終於提出「脫社會主義」的理論。在「具有中國特色的社會主義」之名下，鄧小平所推進的政策的核心部分，以我們的常識來說就是資本主義的原理。把它解讀爲「具有中國特色的資本主義」，相信不會有人感到奇怪。由這個角度來看鄧小平改革的基本方向的不只是西方人，就連中國共產黨內部的保守派也有不同的感覺，認爲這是「修正主義」或是「走向資本主義之路」，而猛烈抨擊鄧小平路線。

對於這些攻擊，鄧小平以二點加以反擊，一個就是「不需要貧窮的社會主義」。他指出在保守派所主張的社會主義體制（＝計畫經濟體制）之下，經濟受損，大衆生活無法提升，這是不容忽視的事實。而強力刺激鄧小平的頭腦就是亞洲ＮＩＥＳ的經濟發展。另外一個就是「白貓黑貓」理論。由此發展出「新貓論」（也就是對保守派之流的「姓資姓社」論的反批判）。他強調不管是資本主義的方法，還是社會主義的方法，不要去評論方法的對或錯，只要能對擴大生產力有貢獻，能提高庶民的生活，能增強國力的就是好方法。其實這就是「實事求是」的觀點。最諷刺的就是，毛澤東爲追求豐富生活而採行唯物史觀、計畫經濟論。結果看來，他的唯物史觀只是徒爲觀念論，奪走了農民的生產慾望，使他們漂流在貧困與失業的海洋中。最糟糕的是，他製造了恐怖政治。

2 經濟發展最重要

對於鄧小平路線實踐的有效性，內外評價都很高。毛澤東在一九四九年十月發表建國宣言時，曾對聚集在天安門廣場的大衆說「中國人民現在可以站起來了」，但實際上直到毛澤東時代結束爲止，中國人民依然沈睡著。他們到了鄧小平時代的十六年（一九七九～九四）才從沈睡中清醒過來。這段期間，中國的GNP實質年成長率爲百分之九，這個成果比世界上「所有地區、所有時期」的成長都迅速。如果能持續維持這個速度的話，到了西元二〇〇二年，其GNP就是一九七八年的八倍。從成長率來看，足以跟日本、台灣、韓國的高度成長相提並論。

鄧小平並沒有深遠的哲學及高超的理論，但是他的「智慧」驚人。將舊中國的「租界繁榮」和台灣或韓國的加工出口區的敎訓加以折衷，提出了「經濟特區」的構想，同時推出「一國兩制」的構想，就是想要將資本主義香港和資本主義台灣納入社會主義中國的智慧。鄧小平的理論和政策都採用折衷的，那是因爲他希望能在現實的政治場上優先實現這些方法，是實際家，也是實務家的鄧小平，完全沒有理論信仰的氣息。「雖然應該警戒右邊，但現在主要是防禦左邊」，就像這句說法一樣，他大多採用折衷的方法，沒有辦法單純的採取中間的道路。

若將距離拉大來看，鄧小平路線所指的歷史方向性是明確的。

第一，在七〇年代末日本和亞洲ＮＩＥＳ的高度成長的意義，他能正確的掌握住。他在一九七九年十二月，和首相大平正芳推展所得四倍增議論，這是鄧小平路線的重要出發點。

第二，他能預感到形成戰後世界範圍的冷戰構造會結束，修正了毛澤東派的「第三次世界大戰不可避免論」。大戰得以避免，今後將是和平發展的時代，對於這點，他也能掌握住這股世界的潮流，所以在八五年將解放軍從四百萬削減到三百萬，能夠掌握美蘇所進行的縮減軍備交涉的先機。

第三，鄧小平還曾提出「反社會主義的建議」。一九八八年五月八日會見莫三鼻給的西沙諾總統時曾說「根據中國的經驗，我建議你們放棄社會主義。至少不要實施雜亂的社會主義（史達林模型的社會主義）。若眞要實行，也應實行具你們自己國家特徵的社會主義」。

鄧小平的成功，可以經濟發展這句話一語道盡。因此留下些什麼呢？留下了政治改革的課題。舉個例子，像天安門事件，八九年六月在北京發生的民主化運動，鄧小平出動解放軍，以武力鎭壓。對於這個決定，當時他被批評爲「歷史的大罪人」。但是，像選擇「從政治改革到經濟改革」的戈巴契夫卻遭遇失敗，使舊蘇聯解體，政治、經濟陷入混亂的情況。相對的，鄧小平的「先行經濟改革，再行政治改革」的戰略，反對評價爲具實踐的有效性。

在脫社會主義的作戰方面，先行政治改革卻失敗的戈巴契夫與先行經濟改革卻作戰成功的鄧小平，冷靜的觀察這個事實，相信就可以找出今後該遵循的方向了。

以經濟發展爲基礎，個人GNP增加，民度提升，培養出中產階級，以這些條件爲基礎，慢慢走向政治民主化的方向。這就是亞洲NIES，尤其是韓國和台灣所走過的路，雖然中國和韓國或台灣在人口及經濟規模上有很大的差異，但是從發展戰略的大方向來看，兩者具有共通的文脈。

③ 建立政治改革的條件

鄧小平留下的最大課題「政治改革」。在後鄧小平時代，若能在條件成熟下進行，一定可以將混亂減到最低限度，而且可以繼續進行下去。但是爲了經濟發展，過度強調政治安定是必要的重點，而將天安門事件當成是要表示權威主義的政治，或是開發獨裁而有意進行的行爲，這種解釋似乎不恰當。八八年以來保守派和改革派的權力鬥爭過程中，改革派的總書記趙紫陽和保守派的總理李鵬對立，以集約的形態展開權力鬥爭。

對鄧小平而言，基於保革平衡的觀點要向保守派讓步，這種「揮淚斬馬謖」的構造面是不容忽略的。大家應該了解到鄧小平不像毛澤東那樣是全能的，也就是說他必須犧牲改革派的趙紫陽，守著改革開放的路線，因此，我們可以解釋爲這是現實政治家鄧小平冷僻計算的表現。

天安門事件之後的十三屆四中全會中趙紫陽總書記被解任，江澤民就任總書記一職。在一九九二年十月的第十四屆黨大會中，正式的成爲中央委員會總書記及被選爲中共中央軍事委員會主席。在九三年三月的第八屆全國人民代表大會中，兼任國家主席及國家中央軍事委員會主席。所以在後鄧小平時代的重要人物，無疑就是集團指導體制的中樞江澤民總書記。

但是由鄧小平提拔，卻沒有政治實力的第二代，若失去第一代的支持，權力能維持到何種地步，這也是令人懷疑的地方。像被毛澤東指名爲後繼者的華國鋒，其政治生命並不長。鄧小平果斷的向華國鋒的權力挑戰，一一剝奪其實權。若將江澤民比喻爲華國鋒，那麼是否會有挑戰江澤民權力的「第二個鄧小平」存在呢？十四屆四中全會中確認了權限交給江澤民領導部後，半年來江澤民正逐漸的穩固權力基礎。而關於改革開放的方向性，當然是「無法回頭」，這意味著很難找出具有大義名分的挑戰者。

因爲不容許對總書記的挑戰，所以所有的權力都努力集中在江澤民的手中。兼任黨、政、軍三大要職，與五〇年代的毛澤東相同。鄧小平認爲毛澤東時代過度的集中權限是錯誤的政策決定，記取教訓要改正錯誤，所以提倡了「黨政分離」和權限的平衡。儘管如此，但是江澤民這次卻將這麼多的權力集於一己之身，理由何在呢？這是鄧小平從二大教訓中學到的事情。一個是天安門事件的教訓，當時總書記趙紫陽和總理李鵬是對立的，國務院的官僚系統及全國人民代表大會又成分裂狀態，分裂情形甚至波及到人民解放軍中。雖然努力達到權力平衡，結果卻陷入「雙重權力」的狀況中。

另外一個就是蘇聯解體的教訓。想要一舉展開政治民主化的戈巴契夫，才剛開始就已經結束。首先是舊蘇聯共產黨解體，接著舊蘇聯自體也解體了。欠缺經濟的社會條件，急躁的想要推進政治民主化及經濟改革，結果連母體本身都遭到破壞。

基於這二個教訓，鄧小平開始鞏固「共產黨指導之下的經濟改革」的戰略方針。移往後鄧小平時代時，對於預料中的困難及混亂，必須一併加以處理，因此，總書記一定要儘量擁有集中的權限。

這一連串的人事部局，就是爲了防止後鄧小平時代的混亂，而形成的「危機管理」領導部的架構。問題關鍵就在到達政治改革之前的「過渡期」。過於急躁的政治改革會使社會秩序混亂，反而阻礙了經濟改革的推進，從現在的舊蘇聯及東歐就可以知道這個事實。與蘇聯的混沌對照的是鄧小平派的政經分離作戰，或是二條腿路線現在在經濟發展面的確奏效，這個現實我們必須要正視。

而市場經濟化的進展也持續爲中國社會帶來種種變化。

這對今後可以預料到的政治改革具有何種意義呢？隨著市場經濟化的持續進展，由於個人ＧＮＰ的增加，提高了大衆生活水準。不僅如此，在計畫經濟體制之下，必須被動應付貧窮配給生活的人，現在變爲能主動的積極去參加市場經濟，中國型經濟人陸續誕生，技術隊伍持續補強中。透過市場經濟，培養出具選擇商品眼光的中國型經濟人，最後終能以選擇商品的嚴格眼光去看政治家或政治體制。經濟發展一方面也可以培養出主要負責民主主義社會的中產階級，藉此也能使大衆媒體發達等促使社會全體情報化，陸續培養出政治民主化的條件，那麼今後的問題是什麼呢？

一個就是在過渡期應如何處理政經分離的矛盾，市場經濟圈就好像是畫同心圓，是重疊的。而基於市場也就是經濟邏輯而形成的範圍，可能會與畫定行政區域的邏輯互相矛盾，事實上與台灣、香港的經濟統合正實質上的在進行，但政治統合則另當別論了。

政經分離的開發獨裁，只適用於過渡期。蛻變爲適合市場經濟的政治體制是不可避免的事。所以今後所留下的課題就剩關於國內少數民族問題，或同是漢民族間的地域差別擴大要如何處理了。

另外一個就是地球環境的問題。爲滿足人類無窮的慾望所進行的經濟活動，已經超越地球環境限制的限度。如果中國巨大人口的消費慾望覺醒之後，那環境問題將更令人憂心。儘管如此，仍然不允許先進國家來阻礙開發中國家的進展，雖然明白經濟發展會造成地球環境惡化，但是在經濟發展中應該已經準備好保護環境的條件。因此，以經濟發展爲前提，仍應儘可能的保護環境，讓已經生病了的地球延長壽命。（矢　吹晉）

2 中國共產黨的權力構造

1 江澤民獲得力量的理由

一九九四年九月，中國共產黨於北京召開第十四屆中央委員會第四次全體會議（以下簡稱爲四中全會）。會議結束後所發表的消息指出，會議主要是集中討論黨的建設問題，及「關於黨的建設強化方面一些重大問題上中共中央的決定」，同時補選黃菊（上海市黨委副書記，同市市長（選出當時的頭銜，以下同））擔任中共中央政治局委員，吳邦國（中共中央政治局委員、上海市黨委書記）及姜春雲（中共中央政治局委員、山東省黨委書記）擔任中央書記處書記。

但是，在這次會議中還有一項重要決定，也就是秘密確立後鄧小平時代的江澤民體制。也就是說，同會議中是以建設具中國特色的社會主義理論來建設黨。同時指出「以鄧小平同志爲核心，創立了第二代的中央領導集團，以江澤民同志爲核心的第三代中央領導集團，現在正指導全黨持續推進偉大工程」。也就是明確的表示，以鄧小平爲核心的第二代，已將棒子交給以江澤民爲核心的第三代了。

然而，鄧小平將棒子交給江澤民到底意味著什麼呢？爲了解這一點，就必須先解鄧小平爲何有那麼大的權限，憑他一句話就能罷免胡耀邦及趙紫陽二位總書記呢？一般人都認爲以往鄧小平一直強調平衡的作用，以超越全派閥的力量在動盪不安的中共中樞指示「建設具有中國特色的社會主義」路線，以柔軟政策努力保持中庸之道。但是，實際上，鄧小平經由中共中央委員會的正式決議，擁有凌駕於中央政治局的特殊權限。也就是說指導中國的中共最高機關以江澤民爲中心的中共中央政治局常務委員會，事實上，好像是被中國改革的總設計師鄧小平所雇用的媽媽級的存在。

在八九年五月天安門事件的前夜終於了解了這點。當時趙紫陽總理對訪問北京的蘇聯共產黨書記長戈巴契夫說：「最重要的問題依然是必須由鄧小平同志掌舵。中共第十三屆全國代表大會以後，我們在處理重大問題時，每一次都需向鄧小平報告，接受他的指示。」後來趙紫陽失勢，開始對他批判，其中就有批判趙紫陽將有關鄧小平特殊權限的黨的機密洩露出去是不對的。這也證明了鄧小平具決定性的存在。中共在八七年十一月召開第十三屆大會後的第一次中央委會議中決議「重大問題要向鄧小平報告，接受他的教誨」。這個決議大概在九二年十月的中共第十四屆中央委員會時繼續適用吧！但是隨著鄧小平肉體的衰弱，以及江澤民體制已不需鄧小平的庇護而能自立成長的狀態下，或者是鄧小平本身的強烈要求下，這個決議終於在四中全會被放棄了。

脫離鄧小平庇護的江澤民，是否眞具有將中共中央納入掌中的力量呢？

江澤民現在擔任黨的總書記及國家主席，並兼任中央軍事委主席，獨占黨、政、軍最高地位。但是江澤民眞的是中國最大的實力者嗎？首先他的言行「建設具有中國特色的社會主義」仍不出鄧小平路線的範圍。例如，九四年四月提出「以科學技術爲第一生產力」的新機軸，這句話是鄧小平說過的話，只不過由江澤民代爲宣傳而已。

此外，在九五年初期關於台灣問題的重要講話，也只不過是鋪陳鄧小平「一國兩制」的構想罷了。結果江澤民仍然沒有辦法脫離鄧小平既定的範疇。

2 中央政治局常務委員會成員

其次，我們來探討一下在中共中央最高機關的中央政治局常務委員會裡的成員。

表2—1 中共中央政治局常務委員年齡、兼職表

	姓名	年齡	主要兼職
中央政治局常委	江澤民	69	總書記、國家主席、中央軍事委主席
	李　鵬	67	國務院總理
	喬　石	71	全人代常務委委員長
	李瑞環	61	政協全國委主席
	朱鎔基	67	國務院副總理、中國人民銀行行長
	劉華清	79	中央軍事委副主席
	胡錦濤	53	中央書記處書記、中央黨校校長
委員	丁關根	66	中央書記處書記、中央宣傳部長
	田紀雲	66	全人代常務委副委員長
	李嵐清	63	國務院副總理
	李鐵映	59	國務委員、國家經濟體制改革委主任
	楊白冰	75	
	吳邦國	54	中央書記處書記
	鄒家華	69	國務院副總理
	陳希同	65	
	姜春雲	65	中央書記處書記
	錢其琛	67	國務院副總理、外交部長
	尉健行	64	中央規律委書記、中央書記處書記、總工會主席
	謝　非	63	廣東省黨委書記
	黃　菊	57	上海市黨委書記、同市市長
候補	溫家寶	53	中央書記處書記
	王漢斌	70	全人代常務委副委員長

（註） 1.中央政治局常務委員會的平均年齡爲67歲（如果除去胡錦濤，則爲69歲）。
2.政治局全員全體的平均年齡爲65歲。

首先是李鵬，他是周恩來的養子，在江澤民就任國務院電子工業部長的八三年擔任副總理。江澤民在八五年被拔擢爲上海市長，同時被選爲中央政治局委員，年齡雖輕，但黨和行政經歷略勝一籌。在八九年天安門事件之時，鄧小平決定解除趙紫陽的職位並提拔江澤

民時，並召喚李鵬和姚依林到跟前，要求他們不要形成派系，一定要以江澤民爲核心，團結起來（『鄧小平文選』第三卷、二九六～三〇一頁）。

喬石年齡七十一歲，雖然與江澤民只差二歲，但是建國前江澤民還在上海參加學生運動時，喬石就已經在吳學謙（前中共中央政治局委員、副總理、外交部長）的旗下與錢其琛（現副總理兼外交部長）等一起指導上海學生運動，是老幹部之一，八二年成爲中共中央書記處候補書記，八五年擔任中國政治局委員，地位比江澤民更高，九三年擔任全人代常務委員長，對江澤民而言，喬石從建國前就是大前輩。

李瑞環比江澤民年輕八歲，八三年江澤民就任電子工業部長時李瑞環就已經被拔擢爲全國最年輕的市長——天津市長。和江澤民一樣，很早就出人頭地了，此外，李瑞環在文革前曾在萬里（當時北京市副市長、鄧小平的心腹，前全人代常務委委員長）的旗下在人民大會堂的建設等，首都的建設非常的活躍，被選爲全國勞工模範，是經常上電視的著名人物，也是江澤民無法對他輕易下命令的人。而現在則擔任政協全國委主席，負責集結黨長老及著名知識分子的力量，因提升政協地位所以風評很好。

和朱鎔基是上海時代開始的書記和市長的關係，不過因爲朱鎔基嚴厲批判官僚主義及形式主義，是衆所皆知的剛直派。同時鄧小平說他是「懂經濟的人」且是積極的改革派，對於在經濟面欠缺知識及實績的江澤民而言，是不容忽略的人物。

劉華清比江澤民年長十歲。是鄧小平特別吩咐要幫助沒有軍隊基礎及知識的江澤民的軍長老。對於講究功勳年資的中國軍隊而言，是江澤民必須倚賴的支柱。在這一點上解放戰爭當時擔任中央軍事委組織部長的胡耀邦，在擔任總書記時代就曾經說過「軍隊方面只要鄧小平說一句話就夠了，但是我就要說五～六倍的話」，由此就可以知道江澤民在軍隊內部的地位了。

最後的胡錦濤五十三歲，年紀不大。八二年開始就擔任共青團中央書記，指導全國的青年運動。八五年當江澤民被拔擢爲上海市長時，他被派往有少數民族問題的省——貴州省，八八年又被派往政治動搖的西藏擔任黨委書記，是深得中央信賴的重量級人物，在經歷方面不亞於江澤民。且胡錦濤保有共青團雄厚的勢力，現在又經由黨長老級的宋平（前中共中央政治局委員、中央組織部長）將其從甘肅省提拔出來，擁有這樣的背景，是最年輕的中央政治局常務委員，也是江澤民最有力的候補者，對江澤民而言，更是不容忽視。礙於紙面關係，在此省略不提，其他的中央政治局委員，很多人在經歷方面都優於江澤民。以實績方面來看，像田紀雲的稅制改革、鄒家華的科學技術、錢其琛的外交，地方行政方面像姜春雲和謝非等，比江澤民優秀的人並不少。

此外，大家可能注意到了江澤民在被拔擢爲總書記前或之後都缺乏實績。也沒有任何的報導說他具有技術者的成果。在文革中被批判爲「窗邊族」。雖然他持續思想和技術的學習，而且在文革的風暴過後，認爲語學很重要而主辦外語學習會，不過在政治上是否具有優越的眼光，頗令人懷疑。

進入國務院之後，一部分人所說的經濟特區政策推進等的功績，他也只不過是擔任全人代會議中的議案說明而已，並沒有其他的成果出現。移到上海之後，浦東開發是以朱鎔基爲主，他只不過是擔任市黨委書記從後推動而已。而成爲他被拔擢之關鍵的八九年天安門事件中，在上海學生運動的處理上，事實上收拾事態的是朱鎔基。江澤民在八九年被拔擢爲總書記，與文革後期華國鋒被拔擢爲黨主席，同樣的對中央的大勢力均採取中立的姿態，且拔擢這些人爲總書記對各派系的勢力就不致於有太大的影響，而且事實上也正因爲他們沒有背景才得以被拔擢。

3　江澤民的權力，後江澤民時代是什麼？

如以上所敘述的，從鄧小平體制將權限轉移到江澤民體制後，江澤民並未握有像鄧小平那樣的實權，這點我們可以觀測到。關於這一點，正如四中全會會議所指出的，只不過是「以鄧小平同志爲核心的第二代中央領導團體，變成以江澤民爲核心的第三代領導團體」罷了。鄧小平在第二代是相當傑出的存在，與其相比，江澤民只不過是領導團體中的一員而已。

而且，這個領導團體的理念基於文化大革命的反省，限於個人的權限集中「禁止任何形態的個人崇拜」（黨規約第十條第六項），同時規定「所有黨員不論職位高低，均不能個人解決重大問題」（同第十六條），這些規定與中國共產黨的現行黨規的宗旨大致吻合，而鄧小平所擁有的特殊權限已超越了黨規約，這是比較特殊的一點。

這是因爲鄧小平的能力的確能夠讓他擁有如此特殊的權限，江澤民並不能如鄧小平一般做到這一點。

問題在今後的展望，也就是後江澤民時代。先前所列舉的四中全會增員的結果，現在中央書記處成員如表2－2所示。在此比較受到注意的是，中央政治局委員兼任的較多，年齡也較輕。中央政治局全體的平均年齡爲六十五歲，但是中央書記處爲六十一歲，也就是中央政治局集中了年輕的幹部。而中央政治局常務委的平均年齡爲六十七歲，除了最年輕的胡錦濤之外，其餘均超過六十九歲，這是值得注意的一點。

表2—2 中央書記處書記

	姓　名	年齡	主　要　兼　職
書記	胡錦濤	53	政治局常務委員
	丁關根	66	政治局委員、中央宣傳部長
	尉健行	64	政治局委員、中央規律檢查委書記
	溫家寶	53	政治局候補委員
	任建新	70	中央政法委書記、最高人民法院院長
	☆吳邦國	54	政治局委員、前上海市黨委書記
	☆姜春雲	65	政治局委員、前山東省黨委書記

（註）：中央書記處的平均年齡為61歲。

現行黨規約規定中央書記處為中央政治局及其常務委員會的事務機構，而實質上則是將政治局常務委員會的決定具體化的機構，擁有極大的權限。

而這次增員的吳邦國和姜春雲，都是經濟發展相當顯著的上海和山東的指導者，由這一點考慮來看，很明顯的就可看出現在中央政治局常務委員會所考慮的中央書記處的任務了。

也就是說中央政治局常務委員會以往負責以鄧小平為核心的第二代的任務，而以胡錦濤為核心的中央書記處，則負責以往以江澤民為核心的第三代的任務。

換言之，中央政治局常務委員會是最高政策決定機構，中央書記處則為其執行機關。

從這意義來看，四中全會是在後鄧小平時代確立了以江澤民為核心的第三代領導集團，同時也確立了後江澤民時代以胡錦濤為核心的第四代領導集團。

3 外交政策的戰略與展開

1 經濟優先的對外政策

(1) 基本上爲國益優先外交

中國外交誇入了九〇年代，與美國之間仍爲了核武實施及武器輸出問題、最惠國待遇的延長問題和智慧財產權等問題，一直持續著如拔河般的緊張外交。

這也可以說是關係中國的國益、共產黨政權存亡的領導者的外交。中國的國際問題研究雜誌『世界知識』九三年第二十四期所刊載的以「對於中國的國際戰略的一些看法」爲題的薛謀洪的論文中，指出「中國的領導者將一貫的國家根本利益，視爲制定我國國際戰略的基本出發點」。

現在中國的「國家利益」可以用「一個中心、二個基本點」這句話來表示。也就是說以經濟建設爲主要課題，而實施經濟建設則必須將著力點擺在經濟改革、對外開放路線的推進和「四個基本原則」（共產黨的領導體制、人民民主主義獨裁、社會主義之路、馬列主義、毛澤東主義）的堅持上。

當然，也可以替換爲「社會主義市場經濟」的口號。

這個國是完全反映在外交上，就是一方面建立能推進經濟環境的國際環境，另一方面爲了保有共產黨體制，絕不容許外國干涉內政，這就是現在中國外交的基本。

與美國的關係上，重視經濟關係，積極進行貿易的擴大及資本、技術的導入。但是關於內政干涉方面，則徹底的抵抗美國的人權外交及民主化要求等。而爲了擁護國益，又不得不貫徹與美國保持若即若離的關係，形成這種拔河外交。

但是，以經濟建設爲主的外交已經過了十五年，中國的經濟有了極大的進步，收到了極大的成果。

觀察現在持續惡化的俄羅斯的情況，可以說中國的作法的確有先見之明。基於這期間的經驗及成果，巧妙的編出了避免內政干涉的危機戰略。

(2) 轉變爲獨立自主、經濟優先的外交

中國現在外交戰略的出發點，在八〇年代初期要求轉變爲獨立自主外交。七八年末期第十一屆中國共產黨第三次中央委員會總會中決定採取經濟改革、對外開放路線，而掌握實權的鄧小平在進入八〇年代以後，在外交的方面也捨棄以往的「連美反蘇」（與美國攜手合作，反對蘇聯的霸權主義），企望蛻變爲「美蘇等距離外交」。

八〇年一月，鄧小平以「目前的情勢與任務」爲題，在黨的幹部會議上演講，他認爲八〇年代的目標是「反對霸權主義、建設和平、台灣回歸祖國、統一祖國、促進經濟建設」。

「反對霸權主義、建設和平、台灣回歸祖國、統一祖國、促進經濟建設」等，都與經濟建設的推進，與支持經濟建設的和平環境的建設等現在外交相通的路線。但是當時發生蘇聯侵略阿富汗的事件，因此他依然反對霸權主義。

公開表明「獨立自主外交」是在八二年九月第十二屆黨大會中，由胡耀邦黨主席（當時）進行的政治報告內容。當時與蘇聯的關係尚未改善，在胡耀邦的報告中表明了

改善關係的希望，而實現的前提則是要求蘇聯方面「採取去除威脅安全的實際措施」。在當時並不是獨立自主，美蘇等距離外交等的國際環境。

但是，以經濟爲優先的外交，從這個時候開始急速活絡化，設置經濟特區及經濟開放都市，積極展開誘導日本等外國資本的動作。

因此，緊張緩和策略則是八一年趙紫陽總理（當時）訪問泰國等東南亞各國，保證撤回革命輸出路線及不干涉內政，達成近鄰外交。而且因中蘇的對立與東歐諸國關係惡化的情況也獲得改善了。此外，在八二年與蘇聯之間的外務次官級的關係改善交涉也開始了。而且這時與美國的雷根政權和台灣問題互有牽扯而關係開始冷卻化，終於能夠達成美蘇等距離外交。

因此，這個時期轉換爲經濟優先外交的作法，與其說是因國際情勢的變化造成的，不如說是配合國內的必要性，改變了對國際的認識，製造了一個緩和緊張的環境，本身已做好了準備才造成的。

2 改革、開放政策的繼續

(1) 全方位外交的實現與沿海地區的發展戰略

在這個潮流當中到八〇年代中期爲止，國內經濟改革持續進行，對外方面在蘇聯揭開改革路線的戈巴契夫書記長登場，使得緩和緊張的機運升高，八九年五月同書記長訪問北京，使得闊別二十年的關係終於恢復正常化。此外，八八年末一直戰火相交、持續敵對關係的印度，也因總理拉吉夫·甘地的訪問北京，使得中印關係的修復向前邁進了一大步。八九年二月甫就任的布希總統，第一個訪問的國家就是中國，中國的全方位外交到此已開花結果。

這些國際情勢，從緊張到對話，從軍事、政治中心到經濟中心，從美蘇二極體制變爲多極化，在在反映出國際的潮流。八〇年代初期開始就已能預見到緊張緩和時代的到來，而朝向全方位外交、對外開放經濟，自己已做好環境準備的中國外交，與其他國家相比，的確收到了相當豐碩的成果。

爲了配合緊張緩和時代，對外經濟戰略在這時期也提出「國際大循環論」（國家計畫委員會經濟研究所、王建、研究員）和「沿海地區經濟發展戰略」（趙紫陽總書記、八八年一月）這樣劃時代的提案。

這二個發展戰略的想法都是「配合國際產業構造調整的動態，透過勞動集約型的輸出振興，一方面替農村剩餘的勞動力找出活路，同時以獲得國際市場上的外幣爲目標。藉著獲得外幣來確保重工業發展所必要的資金及技術，透過國際市場的轉換構造來維繫農業與重工業之間的循環關係，調整解決矛盾的條件」。

這個發展戰略，由於當時改革、開放路線的滲透不夠，再加上八九年天安門事件的發生，因此暫時遭遇挫折，但是因爲當時香港、台灣產業構造的調整動態與此相符合，所以促進了華南經濟圈的繁榮，同時也成爲九○年代全國對外開放經濟推進的基本構想。因而現在的改革、開放路線，稱爲「無趙紫陽的趙紫陽路線」。

(2)　天安門事件與外交的重新思考

蘇聯書記長戈巴契夫訪問中國，這件中國外交史上重大的事情發生時，卻爆發了天安門事件，使中國的外交陷入黑暗期。尤其是動員軍隊鎮壓民主化運動，使得以西方先進國家爲主的國際社會對中國當局責難，相繼採取制裁措施，讓中國在國際社會漸漸被孤立化。

對於這些，中國國內表面上對「和平演變」（不使用暴力的體制推翻）仍抱著很高的警戒。尤其是在這之後，蘇聯、東歐圈的共產黨政權瓦解，使得中國的論調顯著保守化，因國際情勢的緊張緩和所展開的積極外交、經濟開放也暫時銷聲匿跡。

當時黨的內部文書「蘇聯共產黨的二月中央委員會總會相關參考資料」（九〇年三月）中指出：「隨著東歐和蘇聯情勢的變化，以美國爲首的西方集團及其他的國際敵對勢力，對我國施加極大的壓力，也許會採取新的制裁措施」「敵視社會主義的反動勢力掀起軒然大波，發動事件破壞政治的安定，打算動搖我國的社會主義體制。所以我們要以鮮明的立場和態度做好萬全的思想準備，注意事態的發展才行」。

但是，全方位外交、經濟優先外交並沒有完全銷聲匿跡。鄧小平在天安門事件剛發生後的八九年九月，在黨幹部前以「只要改革、開放政策能夠安定，中國還有大希望」爲題發表演說，說明「現在的問題不在於蘇聯旗幟是否會倒下，蘇聯一定會混亂，問題在於中國的旗幟不能倒下。因此，首先中國不能自亂陣腳，務必要認眞的持續改革、開放。這十年的成果從何而來？就是從改革、開放而來的。唯有持續改革、開放，旗幟才不會倒。當然，先進國家對我們仍存有很強的警戒心，但是，不管在任何情況之下，我們都應持續友好往來。把他們視為朋友，只要以心相交就可以了。不要任意的批評他人、責怪他人，不說過分的話，不做過分的事」。

指示要繼續堅持改革、開放及沈著冷靜的外交。

3 中國外交和國際政治學

(1) 鄧小平外交的完成

天安門事件後外交上的考驗，成為完成鄧小平全方位外交的契機。事件後的孤立中，中國外交致力於東南亞的近鄰外交，同樣走著開發獨裁型經濟發展路線的這些國家，並不喜歡美國等先進國家的人權外交，所以對事件的反應也不會那麼強烈。

從九〇年到九一年間，首腦的往來活絡化，九〇年八月與印尼建立正式邦交，後來也與新加坡、越南、蒙古、沙烏地阿拉伯、以色列等國陸續建立外交關係。九二年八月也和韓國建交。

基於這些外交上的努力，終於脫離外交上的孤立。跟東南亞各國的關係正常化，也改善了與住在該地的華僑、華人之間的關係。內部的這些狀況變化形成九二年初鄧小平指示加速經濟建設，改革、開放的「南巡講話」。鄧小平稱讚已經朝國際經濟循環邁開大步的華南經濟圈，同時呼籲應擴大到全國。

首先回應的就是香港、台灣、東南亞的華僑、華人。爭先恐後以空前的外資旋風投入中國大陸，使得自天安門事件以來，一直對中國不友善的歐美媒體，也預測中國將成爲二十一世紀世界第一的經濟大國。

在這股旋風之中，歐洲各國也開始改善與中國的關係。開頭曾介紹過自天安門事件以後一直與中國持續緊張關係的美國，尤其是以人權問題和經濟問題是相關的，要迫使中國改善人權、進行民主化的柯林頓政權，也在九四年最惠國待遇延長的問題上，除掉這個連鎖政策，致力於雙方關係的改善。後來在智慧財產權的摩擦方面，結果雙方還是互相退讓，避免決裂，重新交涉。

中國在天安門事件以後的外交中，對來自美國等外界的壓力，使用鄰近諸國，或是先進國中容易控制的國家，如日本等做擋箭牌，若還是不行的話，則利用安理會常任理事國的地位及廣大市場的魅力爲王牌，巧妙牽制來自外國的壓力。

持續這種如拔河般的交涉，看起來中國方面對美交涉並沒有什麼緊張感存在。但這都是因為鄧小平全方位外交成功，在全方位中也納入經濟及聯合國等的要素，所以不擔心來自外界的「和平演變」。

(2) 多極化與中國大國化的警告

在世界多極化的潮流當中，對於中國的國際問題，專家及大眾媒體的評論中以預測中國地位的提升；亞洲、太平洋地區今後的新秩序；代替美蘇中的美中日新三角體制的論文最引人注意。與美蘇力量衰退對照的是，中國自信不斷的擴大。

但是中國軍備急速現代化以及在領土歸屬未定的南沙諸島進行各種設施的建設等，中國大國主義般的姿態，也使周邊各國提高了警戒感。要求美國對中國施加壓力的聲浪逐漸升高，而美國對中國也持續牽制，雙方的摩擦幾乎是不可避免了。但是不見得這就是一種危機對立。美國方面至少會有以下的基本認識。

「我們對於選擇自由化體制下的諸國，不會強烈要求民主主義。但是，對於採取壓制或侵略行為的國家，我們會採用制裁措施，而這些國家的一部分也許能成為邁向自由化之路的助力。這些努力，尤其在與中國的關係上更具有特別的意義存在。中美關係是世界上最重要的關係之一。原因在於中國正逐漸成長爲世界主要大國，再加上與日本、韓國以及美國的關係，中美關係對於美國在亞洲的安全保障和經濟權益都有很大的助益。」（美國總統輔佐官安東尼·雷克「從封閉到擴大戰略」一九三年九月）

美國方面的這些基本認識，與中國方面如先前所介紹過的遵守鄧小平堅持改革、開放路線，及沈著冷靜外交的指示很有關係，使得中美之間的摩擦得以避免決定性的對立。中國方面在國際性多極化的潮流中，已逐漸穩固立場。

副總理兼外相錢其琛按照慣例在年末接受人民日報訪問時，對於九四年國際情勢的評價指出「多極化的傾向會更爲發展」「經濟會逐漸成爲國家關係的主要要素」。這些都是鄧小平外交在八〇年代初期就已預料到，也是誘導中國外交的指針。

在這一連串的國際趨勢中，副總理錢其琛說：「安定、繁榮的中國是促進世界和平與發展的重要要素。」這段發言成爲報紙的大標題。

中國的混亂對國際社會而言形成一大威脅，雖然美國方面對中國施壓是一種警告，但是，中國藉著經濟成長已逐漸在國際社會上發揮更大的作用，展現中國的自信。

（高井潔司）

4 國防政策與今後的課題

1 中國軍事力的特色與實態

(1) 中國軍事力的特色

中國雖然冷戰後的國際環境發生大規模戰爭的可能性降低，但仍持續發生多起局部紛爭。基於安全保障上的認識，和平時代到來的情勢並不樂觀，而中國追求所謂的「富國強兵」持續進行改革、開放政策，因此，視「保持和平安定的國內外環境」爲重要課題。而其保證就是認識保持國防力的必要性，重視軍事力的現代化。

有關中國軍事力的特色，當然就是圍繞中國的安全保障環境中，能夠擔任防衛國家任務的強力武裝集團。此外還具有以下的特性。

第一個特性就是「政治是在槍口下產生的」，因此，解放軍是樹立革命政權的原動力，同時也是擁有建國功勞，是強大國家權力的構造。更是繼共產黨之後在全國形成網路的武裝集團。

第二就是解放軍仍是支持中國共產黨的獨裁政權不可或缺的黨軍。軍隊爲了致力於國內的安定與團結，旣是處理反革命行動發揮維持治安機能的部隊，同時也是共產黨政治工作的執行部隊。此外，中國爲了鞏固國家主權，有倚重國家威信的傾向，而軍隊更是將其具體的表現出來。

第三個特性是解放軍還具有生產任務，藉著傳統的經濟活動，軍隊本身可以獲得財源且部分還有自活能力。在改革、開放政策的推進中，解放軍的經濟活動得以活絡化，這個成果雖有人評價爲可以塡補國防費用，但同時也有人指出會對軍隊的精強性產生不良的影響。

(2) 中國的軍事力

中國的軍事力不僅具有龐大的通常戰力且擁有核武戰力，是「二隻腳」的戰力。此外，這個軍事力包括了繼承建軍以來體質的野戰軍「解放軍」，和以人民武裝警察部隊

表4—1 中國的軍事力

	兵力	部隊	主要裝備
陸軍	兵力220萬人（160個師團）	·大軍區 7個 ·野戰軍（合成集團軍） 24個 步兵師團 78個 戰車師團 10個 砲兵師團 5個 （地方軍）	·戰車 7,500～8,000輛 ·裝甲車 2,800輛 ·火砲（牽引砲） 14,500門 （也有自走砲，但數目不明） ·多連發飛彈 3,800座 ·高射砲 15,500門 ·地對地，地對空飛彈不明
海軍	兵力26萬人（96萬t）	·艦隊 3個 （北海、東海、南海） ·海軍航空隊 25,000人 ·海軍陸戰隊 5,000人 ·沿岸地區防衛隊 25,000人 （砲兵，飛彈獨立聯隊 35個）	·主要水上艦 55艘 （驅逐艦 18隻 護衛艦 37艘） ·潛水艦（核子潛艇5艘）48艘 ·機電戰艦艇 120艘 ·兩用戰艦艇 51艘 ·飛機（作戰機） 880架
空軍	兵力47萬人（5,000架）	·空軍區 7個 ·空軍部隊 數個軍 ·防空部隊 高射砲師團 16個 獨立SAM連隊 28個 ·空挺部隊 軍團×1（3個師團） 獨立師團×1	·爆擊機 中型 120機 輕型 350機 ·對地攻擊機 500機 ·戰鬥機 4,000架 ·運輸機 600架 ·直昇機 400架 ·高射砲 16,000座 ·SAM 細部不明
戰略核戰力	兵力9萬人	·飛彈軍 6個	·ICBM 14座 （CCS－4 4座 CCS－3 10座） ·IRBM （CSS－2） 60座 ·SLBM （CSS－N－3） 12座
準軍隊		·人民武裝警察部隊（包含公安部）120萬人（警備師團×60） ·預備役 120萬人 民兵 約1,200萬人	

（出處）：根據『軍事平衡』（1994/95年）等。但是，各數字爲概數，此外，裝備的（ ）內爲內數。

爲代表的且負有防衛邊境等廣泛任務的「地方軍」，以及以人民之海爲依據，基於傳統而形成的「民兵」的「三結合」的武裝力。

擔任防衛中國的軍事力核心就是正規軍「解放軍」，其規模達三百餘萬人。解放軍是由陸軍、海軍、空軍及第二砲兵（戰略核子飛彈部隊）這「四軍種」所組成的。根據英國戰略研究所的年報指出，其戰力簡要如表4之1所示。

中國是傳統的陸軍國，其兵力約二百二十萬人（佔全兵力的七十六％），凌駕美、俄，是世界第一的兵力。例如七九年中越戰爭時，其軍隊人數是越南陸軍的六倍強。

海軍是由三個艦隊所組成，擁有約一百萬噸的艦艇，包含航空隊、陸戰隊的戰力，在量的方面是僅次於美、俄，是世界第三的規模。

空軍方面作戰機約有五千架的空軍部隊，此外還有防空部隊、空挺部隊，中國本國的空軍強調「擁有世界第三的戰力，能在空中進行攻擊、支援、輸送、航空偵察、防空等所有的空中軍事行動」。

但是，中國擁有廣大的國土，人口也多，長達二·三萬公里的國界線與十五個國家相連接，在拜金主義的社會風潮當中，對解放軍而言，重要的戰力要素軍人的士氣等形而上的戰力，有逐漸低下的傾向。

再加上中國軍隊的武器落後，像在先前的波斯灣戰爭中驚見高科技兵器威力的中國軍界要人，指出「中國的武器、軍事技術落後二十年」。在中國武器現代化的進展狀況，因國防支出的限制及軍事科學技術的界限等因素，與高科技武器相比當然落後很多，而且要在短時間改善也很困難。

因此，以中國現有的戰力並沒有達到能與美、俄相對抗之高品質的戰略水準。而且中國若對台灣發動武力攻擊時，在近代的渡洋攻擊上，航空戰力等會受到很大的限制。但是中國的軍事力，在陸地對於鄰近諸國會產生很大的壓力，在亞洲具有壓倒性的戰力這也是事實。此外，以越南及菲律賓等國的海軍，尚不具有在南海獨自對抗中國海軍的戰力。

中國是亞洲唯一實戰配備核子戰力的國家，由飛彈、轟炸機、核子潛艇三種搬運手段構成，包括飛彈在內，所有的搬運手段都將我國及周邊諸國全都納入射程內。

2 以鄧小平軍事路線推進國防近代化

鄧小平的軍事路線不光是國防近代化政策，而是從緩和對中國產生威脅的潛在化等戰略環境，到對內著手重建新時代的黨軍關係等綜合性的安全保障政策。鄧小平所主導的重要國防政策具有以下的特色。

第一就是「黨指揮槍砲」，藉此確立黨軍關係。傳統上擁有建國功勞的解放軍，是支持黨獨裁體制的「黨的柱石」，同時是擁有巨大權力的構造，它的存在令黨相當不舒服。黨、政、軍的領導者隨著革命第三代的交替，黨掌握軍，但統御力量卻相對的降低。在迎向領導者的交替時，同時必須採行確立黨佔優勢的措施。

因此，具體的做法就是在軍隊內除了司令員的軍令系統之外，還有合併保證黨指導系統的政治委員，持續進行「二元指揮」制度。此外，人民武裝警察部隊由軍方交由國務院管轄等，將龐大的軍隊組織分割管理。而且還要藉著執行定期的人事異動，來防止軍隊在地方上的土著化及軍閥化。鄧小平藉著這些方法來做好確立新世代中，黨與軍關係秩序的準備，也收到了一定的成果。

第二點就是，中國的國防政策是依循以經濟建設為優先的「大局」的國防政策。為求經濟建設在國內外一定要尋求和平安定的環境，因此一方面重視國防政策，一方面將國防政策定位在以經濟建設為優先的國家戰略之下。尤其冷戰後的國際社會迎向經濟時代，中國也加速改革、開放政策，以社會主義市場經濟為目標中，也將經濟建設當成主要課題。因此，中國的國防政策基本上是在經濟建設之下。具體而言，就是抑制國防費、削減解放軍的兵力。

事實上如圖4—1所示，國防費在八〇年代當初的財政支出比，從十五%削減到八%，近年雖有持續增額，但也抑制十%以內。中國內部因急速的經濟發展，造成貧富差距擴大及通貨膨脹。軍隊內部也因國防近代化的遲緩及軍人待遇不公，而產生了許多的不滿，這些都是潛藏在軍隊內部的問題。

第三就是由鄧小平主導的國防政策，致力於「從量到質」的近代化方針。這個國防近代化政策如圖4—1所示，七〇年代高達五百萬人的兵力，到八〇年代大幅削減到今日的三百萬體制。兵力削減多出的國防資金（圖4—1每一位士兵的國防費）充當導入新武器及新軍事技術的資金，促進戰力品質的近代化。中國的國防近代化，是由以人民戰爭戰略爲基礎的革命黨軍，蛻變爲以國防爲主要任務的正規軍，以及除了武器近代化之外，包括教育訓練在內的軍人資質近代化和編成，還有組織的近代化以及戰略、戰術等軍事思想近代化等廣泛的國防近代化。

因此，一方面抑制國防費，一方面實施軍組織的整理統合和戰鬥部隊的改編以削減兵力。此外，兵役制度的改定等持續進行，其中的一環即是人民武裝警察部隊的新編及

圖4—1　中國的兵力及國防費用的演變

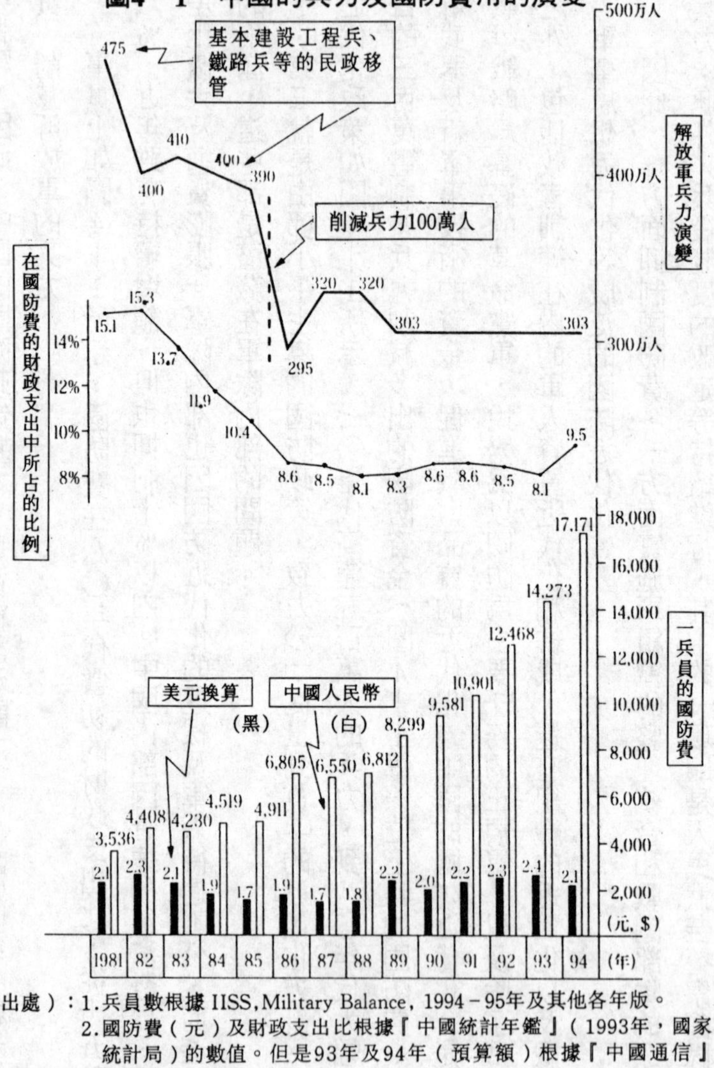

(出處)：1.兵員數根據 IISS, Military Balance, 1994－95年及其他各年版。
2.國防費(元)及財政支出比根據『中國統計年鑑』(1993年，國家統計局)的數值。但是93年及94年(預算額)根據『中國通信』等。
3.美元換算是根據前揭之 Military Balance 各年的換算比(圖表的數字單位爲1,000美元)

預備役部隊的新設等，藉此擴充後備戰力並加以強化。八五年的「削減兵力一百萬」的做法，是先行削減兵力，在質的戰力方面，則以武器裝備的高科技化爲目標。但是這一方面的近代化並沒有達到預期般進展。

第四則是解放軍付加防護海洋權益的新任務。解放軍一方面進行國防軍化，一方面則強烈被要求對經濟建設提出貢獻，強調「成爲改革、開放的護衛艦隊」。而軍方的任務，甚至擴大到成爲追求「富國強兵」的經濟建設的防護及對此的貢獻。

有關九二年制定的海洋法，中國將勢力朝海洋邁進時，也給予解放軍「必須致力於防衛國家領土、領空、領海及防護海洋權益」，以及防衛「海洋權益」的新任務。要求軍隊對經濟建設提出貢獻，使得從事傳統生產的黨軍隊的體質逐漸脫離，追求國防軍化對解放軍而言，更是一大負擔。

如上所述，中國的國防政策從八〇年以後採行鄧小平軍事路線，希望對毛澤東的軍隊進行體質轉換。而其近代化的方向是將中國的安全保障問題擺在國際關係中，同時解放軍以防衛國家爲主要任務，進行正規軍化。而這些近代化的成果，還在慢慢的進展途中。

3 中國國防上的課題及今後的軍事動向

(1) 國防政策上的課題與今後的注意點

採行鄧小平路線不斷前進的國防近代化政策如前項所述，雖然展現了一定的成果，但同時也出現一些課題。

第一就是黨軍或國防軍的課題。根據鄧小平軍事路線推進的國防軍化的進展，使得黨軍的性格成爲專門的正規軍化，但同時支撐共產黨獨裁體制的力量呈弱體化。若是再發生如天安門事件般大規模的爭亂的話，解放軍是否還能像以往，是值得信賴的「黨的柱石」呢？這是一大問題。

所以「解放軍到底是黨軍還是國防軍」這個老問題仍會重新被提出。今後鄧小平後的後繼體制，仍會持續摸索黨軍的關係吧！

第二則是爲了以經濟建設爲優先的「遵從大局」的國防政策，留下武器等國防近代化的問題。冷戰後的戰略環境中，武器高科技化的要求對國防軍是非常重要的問題。中國方面因國防近代化資金不足及科學技術的水準低，形成了一個瓶頸。而解放軍提起的國防近代化的課題，基本上也會回到中國國防政策的定位問題上。關於先進武器的導入方面，八〇年以後的供給源美國以及冷戰後與俄羅斯的關係，到底形成什麼樣的架構？這些都是影響中國對外戰略的問題。在東北亞方面，中、美、俄軍事大國新武器的移轉，今後利害交錯的動向，也值得注意。

第三是解放軍成爲正規化、專門化的國防軍之後，仍必須持續生產活動，這也會造成極大的問題。軍隊既要追求軍事專門化，又要參加傳統的經濟活動，可以說是完全相反的要求。在新的國內外戰略環境中，要如何致力於國防任務值得探討。在高通貨膨脹下，軍人生活上的苦境是確實的問題，因此軍隊本身必須進行企業經營。而同時軍隊本身又擁有獨立的財源，做爲國家的正規軍，基本上有很多問題存在。黨及政府對此的對應，也會波及到今後的黨軍關係，值得注意。

第四是一九九二年海洋法的制定，使解放軍的任務必須擴大到防護海洋權益，這又引起了一些相關問題。現在因南沙群島的主權問題而時與周邊國家發生摩擦。不光是國家主權的防衛，包括經濟權益等問題，軍隊應如何處理也是一大問題。

尤其是軍隊原本就具有強烈國家主權意識的體質，對於領土、領海等基本問題，爲了經濟發展而重視國際性協調與柔軟對應的中國對外戰略方針，軍隊應如何順應也是今後值得注意的問題。

(2) 新的戰爭觀及今後的軍事動向

中國對冷戰後之情勢的認識，是世界大戰危機之後「現實上和平與發展依然面對重大的挑戰。霸權主義及強權政治持續抬頭」。隨著舊蘇聯勢力的後退，形成美國主導國際秩序，中國對此表明警戒的態度。同時「霸權主義及強權政治依然存在，焦點出現在各地，各種不安定要因持續增加並未減少，國際情勢更為複雜，變化莫測」。中國仍無法捨棄美國及俄羅斯巨大軍事力所形成的威脅感。

此外，基於波斯灣的教訓，中國的新戰爭觀是「①高科技化條件下的局地戰爭是將來主要的威脅。②隨著武器裝備的更新，使得戰爭形態和作戰方式發生改變。③電子戰的地位增大，制「電磁氣」權的爭奪激烈化。④由指揮、統制、通信及情報組成的近代指揮中樞機構（C^3I）來主導的陸海空一體的統合戰將成常態。⑤由於遠距離投射機的發達，將形成看不到戰況的戰爭時代」。

基於這些認識，中國的國防力更為重要。今後的課題是強化質的戰力，尤其是以武器的高科技化為中心的國防近代化政策，今後將在重視經濟建設中繼續摸索其地位。中國在二十一世紀以「富國強兵」為目標，持續進行改革、開放政策，同時認為保持「和平安定的國內外環境」的必要性很高。因而軍事力持續擔任重要的任務。以往持續進行的鄧小平軍事路線，今後仍將延續，但是卻提出了一些課題，今後中國面對的新戰略環境中，應如何充實、強化國防力，以及在進行時黨軍關係會如何演變，都是今後要注意的焦點。

（茅原郁生）

5 與歸還香港有關的國際政治經濟力學

1 中國的戰略、英國的對應

基於中英共同聲明決定歸還香港已經過了十多年的歲月了。在這期間東亞的國際環境急速變化，這也意味著歸還的意義產生了變化。

共同聲明發表時，不僅是香港本身的去向未定，還有波及到台灣問題的政治影響及十九世紀以來列強殖民地支配的清算，由這些方面來看，歸還的決定受到注目。尤其在一個國家中，社會主義經濟與資本主義經濟並存的「一國兩制」的構想，被認爲是今後國共合作統合台灣的試金石。對中國政府而言，統一台灣及奪回因鴉片戰爭失去的殖民地是歷史上重要的課題，香港所帶來的經濟效果還不是最重要的事情。

然而從一九八〇年代後半開始，在國際經濟的舞台上，中國的存在急速擴大。以日本爲例，八四~九三年之間對中貿易擴大三倍，對中投資擴大到十七倍，引起急速變化的不只是中國經濟。在這之間，台灣發生李登輝就任總統及民進黨地位提升等政治變動，台灣人的民意反映在政策上。因此，光是「一國兩制」的構想及「國共合作」的呼籲不足以解決台灣問題。

另一方面關於殖民地支配的問題，在歸還交涉終了時就已經決定了，確定一九九七年七月一日是歸還的日子。而中國已經放棄計畫經濟及國有制，開始邁入市場經濟。在這種狀況中歸還香港，與其說是「社會主義」與「資本主義」並存的實驗，還不如說中國最大的經濟伙伴將會如何支持市場經濟登陸中國，在這一方面反而更吸引了國際的關注。

香港成爲英國的殖民地是鴉片戰爭及第二次鴉片戰爭的結果。鴉片戰爭在一八四二年的南京條約中割讓香港島，亞羅號事件（第二次鴉片戰爭）則使清朝在北京條約（一八六〇年締結）中割讓九龍半島給英國。

但是兩個條約中都沒有規定要在一百年後歸還。反而是在一八九八年締結的香港境界擴張專門協約中，規定新界九十九年的租借期。租界地新界與割讓地香港島及九龍島不同，懷有九七年要歸還給中國的不安定要因。進入一九八〇年代之後，這個不安定性成爲新界土地契約更新時的障礙。

香港的不動產抵押金融通常是十五年，八一年時不動產景氣開始瓦解，租借期限只剩十五年到一九八二年九月時，英國首相佘契爾夫人訪問北京，點燃了交涉歸還的導火線。英國方面認爲這個時期必須抑制九七年以後香港經濟的動搖。

當初英國主張香港的割讓與規定租界之三條約的有效性，但是中國方面卻不答應。中國不認定不平條約的有效性，主張將香港全域的主權交還中國是交涉的前提。一九八二年十月在北京展開中英交涉第一回合的談判，在此中英見解仍是對立。中英交涉的第二回合，是在八三年七月到八四年九月展開，至此決定了中國所主張的一併歸還。

這個決定是以將來中英友好關係爲優先考量，同時是基於對割讓地很難單獨存在的認識（註：英國當時租借新界的理由是主張「防衛香港」。也就是說如果中國或其他列強經由新界進逼香港島的話，維多利亞港會直接受到砲轟，無法發揮機能，而且香港島的糧道會被切斷，因此認爲「租借地對割讓地的維持是不可或缺的」。這個現實牽動了後來的一併歸還）。

如下一節所敘述的，英國在一九八〇年代後，已經開始進行撤退的準備。

2 香港的民主化

另一方面，中國通過了否定不平等條約的原則，承認香港的高度自治，而且答應歸還後的五十年間維持資本主義的社會經濟體制（所謂的一國兩制）。這些內容已列入一九八四年九月二十六日的中英共同聲明中，而十二月十九日中英簽署同意文件時成爲歸還香港的大原則。

簽署同意文件之後，能夠確保何種程度的高度自治，成爲爭論的焦點。共同聲明中保證「除了外交和防衛之外」香港居民擁有高度的自治權及特別行政區政府，因此行政長官必須由選舉或協議選出，然後再由中央政府任命（中國已經喊出「港人治港」的口號）。關於具體的內容，則作成香港特別行政區基本法（以下稱基本法）來決定。

而英國在中英交涉前就已經制定了歸還的一些政策。其中一環就是高級官僚中中國人的比率提高，同時導入選舉制度致力於香港政廳的現地化。在一九八二年舉行第一屆區議會選舉，選舉的範圍逐漸擴大。八四年七月『政治制度改革綠書』接受了中央行政級立法評議會所提出的間接選舉。八五年香港第一次經由間接選舉選出的立法評議會議員終於誕生。這裡所說的間接選舉，是指由區議會和市政局及區域市政局的議員所組成的地區別選舉團，以及具社會影響力的職業團體各自選出議員的方式。

八八年時發表『政治制度改革白皮書』，九一年實施直接選舉，決定由這次的選舉選出十議席的立法評議會議員。

不可忘記的是，這些選舉制度的導入，並非是英國爲了歸還香港所做的撤退準備，而是爲了支持香港市民的自治要求。從六〇年代到七〇年代香港的高度經濟成長，使得香港出生的中產階級大幅增加。與他們的上一代相比，他們的移民心理淡薄，在都市從事各行各業，因此對政府的要求也較多樣化。英國政府爲圖社會安定，認爲違反民意是不可能的事情，在六六－六七年的暴動，相信大家仍記憶猶新。住在香港的華人擴張參加政治的準備，從七〇年代開始慢慢的進行著。

從一九八六年開始基本法的起草作業，因襲漸進的民主化。由中國與香港的代表所組成的基本法起草委員會，聽取了香港和中國國內的意見，在八八年四月決定了第一次草案，翌年八九年一月，以第一次草案所做成的修正案當成第二次草案。

根據第二次草案決定歸還以後的香港立法機關，由住民直接選舉，及職業團體別選舉團的間接選舉這二種方式選出議員，直接選舉的議席從九七年到二〇〇七年之間提升到總議席的五成。

但是一九八九年六月四日發生天安門事件之後，香港市民對與中國約定的「高度自治」「港人治港」的實現充滿了不信任感。原先就已決定在歸還後移往加拿大或澳大利亞等的市民增加，但在八九年這個數目竟在一年間高達四萬二千人。

此外，八一年根據英國國籍法，英國政府原本不願讓住在香港而擁有英國籍的中國人移往英國，因天安門事件的衝擊，在八九年十二月英國政府發表讓住在香港五萬市民都擁有英國市民權，引起了中國的反彈。然而基於現實問題，能夠移往海外的香港人只限於資產家或專門技術者及其家人。歸還中國後不得不留在香港的人，所企求的不是在海外，而是在香港地區內得到自治與民主的保證。

3　持續政治的問題

另一方面，中國對北京的學生運動得到來自香港的資金援助也不能坐視不管。天安門事件引發中國的民主運動，中國對此抱著強烈的警戒之心，這種態度也反映在基本法的制定上。基本法的第二次草案在八九年二月的全國人民代表大會上通過之後，再次聽取意見經過修正，在九〇年四月的第七屆全國人民代表會議常務委員會第三次會議上正式決定。最終案則是在第二次草案中追加「動亂」（註：根據第二次草案，戰爭或者是「動亂」發生時，中央政府得以在香港特別行政區適用中國大陸國內法），也就是將之定義在「危害到國家統一及安全的動亂」。

此外，第一次草案中禁止「破壞國家統一及顚覆中央政府」的條款，在第二次草案中加入了「掮動反叛」及「竊取國家機密」，最終草案中則制定了禁止外國的政治組織在香港區域內進行政治活動，及香港的政治組織不得與這類組織有任何瓜葛的法律。至於抵觸到司法獨立性的問題，也就是基本法的解釋權則如草案所示，由北京的全國人民代表會議常務委員會來確認。

中國方面在最終案中關於香港自治的事項，給予現地行政區最高法院解釋權，立法評議會的議席數六十席中經由直接選舉產生的議席，由十八增加到二十席，以呼應香港的自治及民主的要求。此外，草案中對於擁有外國居留權的香港永久居民，草案中僅承認立法評議會議員數十五%的議席，制定後的基本法則提高到二十%。

然而與這些中國的動作不同的是，以天安門事件爲契機，在香港歸還中國之前，香港方面加快了改革選擧的速度（註：原本在歸還問題浮上檯面之後，選擧制度的導入速度就是個問題。民主派主張不要在九一年而是八八年導入直接選舉)。九一年立法評議會的選舉中，直接選舉所產生的議員，由當初的十席增加到十八席。同時廢止地區別選舉團的間接選舉，而另外一種形態的間接選舉職業團體別選舉則仍保留。運用這種職業別團體選舉，使得中英再度形成對立。

一九九二年七月，英國保守黨的幹事長，政治家出身的克里斯多福·巴丁(馮定康)，成了九七年香港歸還前的最後一任英國總督。總督馮定康在十月第一次施政方針的演說中，發表要改革九五年的立法評議會選舉的制度。在總督的提案中將有投票權的人，年齡從二十一歲降到十八歲，同時擴大職業團體別間接選舉的有投票權的人，提出區議會議員全部經由直接選舉產生。因此，職業團體別選舉中有投票權的人，從十一萬人擴增到二百七十萬人。已經接近直接選舉的構成。九五年的立法評議會選舉，議員的任期跨越九七年，因此稱爲「直達列車」，具有特別的意義。也就是說若在九五年的選舉中當選的話，能夠在歸還後的立法府獲得一席。

中國方面對於沒有經過事前協議，馮定康單方面的提案給予猛烈抨擊。總督案使得中英之間的談判持續到九三年十一月。談判的過程中，英國方面決定將職業團體別選舉中有投票權的人數削減到八十七萬人，但中國方面無法贊同。在這種狀況之下，總督案仍在九四年一月和六月由香港的立法評議會通過。

中國方面發表聲明，若英國方面不協助的話，中國方面將獨自開始準備歸還的工作，九三年七月設立香港特別行政區準備委員會預備工作委員會，九四年八月底的全人代常務委員會中決定「在九五年選舉中選出的立法評議會，將在九七年解散之後再重新選舉」。與預備工作委員會同樣的在十月初確認九五年的選舉，將不再是「直達列車」。

4 香港與中國經濟一體化

如上所述，中英爲了歸還後的政治體制再度對立。但是這種關係惡化的情形，不見得會對香港的經濟造成直接的負面影響。一九九三年及九四年（註：政府估計值）的GDP成長率都維持五·五%的穩定成長，香港個人的GDP已經越過了宗主國英國占世界第五位。但從長遠的眼光來看，也不能說中英對立與香港經濟完全無關。這個影響就出現在新機場的建設（PAD）計畫上。

前總督威爾遜於一九八九年十月發表要在蘭他奧島興建新機場的計畫，藉著提出興建大型機場的計畫來使因天安門事件而動搖的經濟界沈靜化。當時中國對威爾遜的措施表示歡迎，但是因爲事前的傳達不夠以及無法達成充分的協議，在這種情況下又因籌措資金的計畫變更，使得中國對香港政府產生不信任感，認爲興建機場的莫大赤字將會成爲未來特別行政區政府的財政負擔，因而引起反彈。

中英在九一年達成協議，將耗資總工程費九百九十億港幣來興建新機場，九二年香港政府以通貨膨脹爲由，而將總工程費修正爲一千六百億港幣，再度引起中國強烈的抗議。新機場興建計畫與上述的彭定康改革案促使中英關係加速惡化。但是，擔心會對香港經濟產生不良影響的香港財界發揮功用，中國承認大幅修正成本，香港政府與中國達成妥協，要進行六百億港幣的政府投資以及將開港時的債務，抑制在二百三十億港幣以下，九四年十一月四日中英合同連絡委員會簽訂了協議文書。

基於以上的因素，雙方對於政治體制雖採對立的態度，但在實務的經濟問題上均以香港的經濟繁榮爲共通項，使中國與英國攜手併肩前行。

這些交涉的背景就是香港與中國的經濟一體化，中國與香港互爲最大的投資、貿易對象，香港的出口與進口中國所占的比率，分別爲三二・八％與三七・六％（九四年），在中國的貿易上，香港所占比率爲出口四四・一％，進口二五・五％。投資方面由一九九

○年香港企業海外投資的件數基礎來看，有七成是朝向中國，二者之間的差距很大（註：Industry Department, Survey of Hong kong's Manufacturing Industries 1990, Hong kong Government, 1990, Table 43）。

此外，以整個中國來看，一九七二～九二年中國到外國直接投資的累計，香港的金額基礎為四六·二%，壓倒第二位的美國（九·一%）。而且與香港相鄰的廣東省，外國直接投資中香港資本所占的比率實行金額基礎達到八七·一%（廣東省統計局編『廣東統計年鑑一九九四』中國統計出版社，北京，一九九四年，三二三頁），港幣的發行額有二成是在這個地區流通。

香港與中國的經濟關係到一九八○年代後半期開始加強。這個時期港幣與美元的匯率因良好的出口而被壓制，薪資及不動產租金持續上升。香港勞動集約的製造業為了降低成本而開始到海外生產。而中國與香港相鄰，且薪資水準只有香港的一成左右，以輕工業品的委託加工為主，香港成了中國最大投資者。

到了九○年代以後，不僅是中小型的製造業，連不動產開發及基本建設的大型投資都出現了。長江實業等代表香港的華人財團也開始了中國市場的開拓。

另一方面，中國的投資客戶香港的重要性與日俱增，不僅是國際貿易的窗口，同時也是金融、貿易、不動產、基本建設的中心，香港經濟對中國的依賴度持續增高，中國企業的投資比重也增大。尤其是近年，香港因成爲中國籌措資金的基地而嶄露頭角。從八〇年代後期開始，中國系企業就已經透過收買香港的上市企業，從香港市場進行資本的籌措。

九二年開始在香港的中國系企業的子公司上市，九三年開始，中國的大型國營企業直接在香港上市。這個稱爲H股，現在共有十五家。此外，海外的金融機構也利用上海成爲總括中國融資的基地。中國政府將上海視爲金融的中心，對需要龐大資金的中國來說，香港籌措資金的機能是無法割捨的。

考慮到以上的經濟環境，即使在政治面上不協和，至九七年爲止，中國與香港經濟上的融合，基本上仍會維持現狀直到歸還之日的到來。到時候再來探討「高度自治」的內容。

（澤田ゆかり）

6 統一台灣的最後工作

1 中台分裂的歷史

中國與台灣長久的敵對關係終於劃上休止符，進入祖國統一的正題。祖國分裂到一九九五年進入了第一百年。

分裂的歷史是始於一八九五年四月十七日，中日戰爭中獲勝的日本依「下關條約」從清朝手中得到台灣及澎湖群島。這個結果使台灣納入日本的統治之下，直到第二次世界大戰結束爲止，經過了半世紀的殖民地生活。一九四五年終戰以後歸還給中國，但四九年中華人民共和國成立的同時，再度遭到分裂的命運直到現在。

毛澤東時代的中台關係仍處於敵對時代，這個狀態持續到七八年。然而，進入鄧小平時代後，敵對關係急轉而下。七九年一月，全國人民代表大會（全人代）常務委員會發表「告台灣同胞書」，呼籲祖國的和平統一。「告台灣同胞書」中強調中華人民共和國才是唯一合法的政府，另外也宣佈對台灣停止砲轟，呼籲與台灣當局達成協議，可以說是進行大政策的轉換。現在的中台關係即由此開始。

接下來的進展是在八一年九月，全人代常務委委員長發表九項談話，這個談話可以說是最先顯現祖國和平統一的構想，要旨如下：

①共產黨與國民黨以對等立場交涉，完成祖國統一大業。

②致力於郵件交換、通商、通航、探親、旅行及學術、文化、運動的交流。

③統一後，台灣成立特別行政區，可保有高度的自治權及軍隊。

④台灣現行的社會、經濟制度不變，生活樣式，與外國的經濟、文化關係可繼續維持。

⑤台灣當局與各界的代表擔任全國政治機構的領導職務，參與國家管理事項。

⑥台灣的地方財政困窘時，中央政府將會補助。

⑦希望到大陸定居者，大陸方面適當接受，承認自由往來。

⑧歡迎台灣到大陸投資，保障其合法的權益及利潤。

⑨ 歡迎台灣的各民族、各界人士、民間團體與大陸人民進行交流。

這些項目延續了鄧小平所發表的五項構想，與「一國兩制」的想法有關，中台協議的基礎在這個時候已經奠定。

2 經濟交流與台灣政治的變化

中台間的經濟交流最早是在台灣海峽上進行甲板貿易。當初是在漁船的甲板上秘密交換藥、酒、食品等，採取小規模的走私。漸漸的商品的質、交易量的規模都慢慢擴大，八〇年代後轉變爲經由香港的轉口貿易。表6―1是中台間轉口貿易的演變，這個規模持續擴大。尤其是台灣方面的出口非常的穩定，呈二位數成長。

此外，七九年由於鄧小平的提議，估計將會有許多來自台灣的投資，在台灣的對岸福建省南部的廈門開設經濟特區，進行直接投資。來自台灣的投資以廈門爲據點，由福建擴展到廣東省，發展到現在，華南經濟圈與台灣的經濟界關係已是密不可分。台灣的對中投資，目前僅次於香港，居第二位，連台灣的政府企業現在也正向中國伸出觸角。

中台間的經濟交流已超越了意識形態與國家的範圍，產生了成果（表6―2）。

表6—1　中台間轉口貿易的演變

（單位：100萬美元）

	台灣對中國的出口			中國對台灣的出口		
	總額	前年比	（註1）	總額	前年比	（註2）
1984年	426	169.6%	1.4%	128	169.6%	0.6%
1985年	987	131.9%	3.2%	116	−9.3%	0.6%
1986年	811	−17.8%	2.0%	144	24.4%	0.6%
1987年	1,227	51.2%	2.3%	289	100.3%	0.8%
1988年	2,242	82.8%	3.7%	479	65.7%	1.0%
1989年	2,897	29.2%	4.4%	587	22.6%	1.1%
1990年	3,278	13.2%	4.9%	765	30.4%	1.4%
1991年	4,667	42.4%	6.1%	1,126	47.1%	1.8%
1992年	6,288	34.7%	7.7%	1,119	−0.6%	1.6%
1993年	7,585	20.6%	8.9%	1,104	−1.4%	1.4%
1994年	8,517	12.3%	9.2%	1,292	17.1%	1.5%

（註）1.台灣的出口總額中所占的中國轉出口的比例
2.台灣的進口總額中所占的中國製品的比例
（出處）：香港政廳海關統計處，『台灣地區進出口貿易統計月報』

但是，有些人對此傾向感到疑惑。與華南經濟圈關係密切的台灣經濟界，認為一旦進入中國之後，就必須幫助由中國主導的統一運動，為了保護經濟的利益，有很多人對經濟界施予台灣政府的壓力感到憂心。

這個想法是由台灣第一大在野黨民進黨推展開來的，對中國方面而言，也是一個頭痛的問題。

在台灣有人將一九四九年以前就居住在台灣的人稱為「本省人」，以及蔣介石因內戰失敗移到台灣時從大陸過來的人稱為「外省人」。

這是基於早到或晚到台灣的想法，不過因外省人執台灣政界、財界的牛耳，長期下來變成外省人主導的王國，這點使得二者之間爭議不斷。在此，為了對抗以外省人為主的國民黨，以本省人為主的政黨的必要性突顯出來，因而組成了民進黨。民進黨呼籲與大陸斷絕根源，台灣自治獨立，得到本省人絕大數的支持，在八〇年代後半期開始飛躍的成長。

民進黨的躍進，使得中台之間的交流暫時煞車，而另一方面，台灣從國民黨一黨獨裁中解放出來，這也是民主進步的關鍵。民選的民進黨議員的議席不斷增加，九四年台北市長的寶座也納入了民進黨的手中。九六年進行總統直接選舉。以往總統首代是蔣介石，次代由其子蔣經國繼承，第三代則是國民黨的黨主席李登輝。這次的總統直接選舉，表示台灣的民主化已大致完成。

表6—2　對中直接投資

（單位：100萬美元）

	1992年	1993年
香　港	7,706	17,445
台　灣	1,053	3,139
美　國	519	2,068
日　本	748	1,361
歐　洲	323	788
ASEAN	146	514
新加坡	126	492
韓　國	120	381
合計	11,291	27,771

（出處）：「中國統計年鑑」1994年版

李登輝流著本省人的血液，八七年就任之後對本省人採取融和政策，讓本省人與外省人之間的對立氣氛逐漸淡薄。同時不再區分外省人的國民黨、本省人的民進黨，而區分為執政黨＝國民黨，在野黨＝民進黨。因而九六年所舉行的第一屆總統直接選舉中，現任的李登輝佔了優勢。

但是，中國共產黨並不歡迎台灣的民主化。在中國共產黨一黨獨裁的體制，事實上仍持續著，連領導者也由共產黨指名。對台灣雖然標榜「一國兩制」，但是民選總統的誕生，可能會引起中國國內的民主化運動，動搖共產黨的基礎。因此，若是經濟已能獨立的福建省及廣東省也發生這類運動，後果將不堪設想。

在國際輿論上中國應對台灣的民主化表示歡迎，而不是唱反調，但是他們也不可能舉雙手贊成，立場可說是相當爲難。

③ 具體化的統一工作

中台之間要跨越的障礙很多，但是經濟交流的推進，使雙方日漸接近。九三年開始的中台交涉，擴展具體直接交流範圍，經濟交流方面幾乎已是全面開放。前些日子，台灣方面發表聲明，指出高雄、基隆、台中、花蓮、蘇澳等五個港口已積極準備，以便將來船舶能直航。九五年的春節前後，中國共產黨的總書記江澤民發表祖國統一的八條提案（江八點），而台灣方面也以此做成具體的反應。江八點的內容如下：

①堅持一個中國的原則。

②對於台灣在國際間進行民間的經濟、文化關係的發展無異議。
③推進兩岸和平統一交涉。
④中國人不打中國人。除非外國勢力干涉中國統一時才行使武力。
⑤推進兩岸的經濟交流及合作。
⑥中華各民族所形成的文化是連結全中國人精神上的繫絆。
⑦保護台灣人的生活方式及正當權益，並歡迎到大陸訪問。
⑧歡迎當局領導者互相往來。

以上基本上是承襲葉劍英的九項說明，但是以往交涉的對象只限於國民黨，這次不限於國民黨，也讓兩岸的各黨派、各團體的代表參加統一交涉的問題。這一點及提議雙方首腦相互往來等，都使得內容往前邁進一大步。

另外，妨礙中國統一工作的第三國的動向，令中國非常的擔心，在第四條中說中國人不打中國人，但是對台灣不放棄行使武力的理由是「針對外國人希望台灣獨立的陰謀」，這一點日本及美國要多注意。

日本是台灣分裂的元凶，對台灣的經濟文化各方面都造成極大的影響。九四年在廣島舉行的亞運大會，拒絕李登輝總統入境，卻承認副行政院長級的徐立德入境，引起中國方面強烈的反彈。認爲這種行爲無疑是幫助台灣獨立的勢力，使台灣能擴大國際生存空間的活動。

日本在過去的歷史上，對中台雙方都有虧欠，所以不得不採取雙面外交，是處於兩難的狀態。中國若輕忽這種狀況，將使獨立勢力不斷提升，因此，今後將會以日本爲舞台，展開攻防戰。

美國在人權問題等方面，可以說是直接坐鎭指揮的幕後主使者。九四年事實上已將台灣政策列爲國家級來談，九五年六月，實質上已承認李登輝總統訪美。冷戰結束後在亞洲的霸權，兩國在水面下展開熾熱的攻防戰，對中國而言，美國是敵人。此外，中國的假想敵就是在香港問題上一直無法達成協議的英國，以及賣戰鬥機給台灣的法國等。

然而，中國人和台灣人稱呼不同，但都是漢民族。旣是同一民族，持續敵對狀態本身就很不自然。而雙方之所以對立，就是因社會主義與資本主義意識形態的不同。意見不同使得祖國分裂長達半世紀之久。

但是，中國自七八年改走鄧小平的現實路線之後，以「黑貓、白貓論」（黑貓也好白貓也好，只要會捉老鼠的都是好貓＝社會主義，比所謂的資本主義意識型態更追求現實利益，是重視現實的議論）爲代表的鄧的想法，使得中國共產黨本身的思想產生改變。雖然豎立社會主義及社會制度的看板，但是仍然推進市場經濟化，漸漸建立起接近資本主義的構造，我們要正視這個超越社會主義、資本主義意識形態的現實。這件事情也顯示出中國方面正培育著接受台灣的土壤，現在的中國對台灣而言已不再如從前，抵抗逐漸減少了。

由台灣方面來看，中台關係若能穩定前進，且能排除中國行使武力的掛慮的話，就能專心致力於經濟活動，安定民心，對當局者而言是最好的事情。結果，中台雙方都正朝同一方向前進。

一九九七年香港已回歸中國，一九九九年澳門也將歸還中國。而在歸還這兩個地區之後，台灣將會有何種發展呢？正受到密切注意。在這半世紀中，中台雙方所產生的不信任感不可能這麼輕易的就抹去。此外，以「一個中國」爲大前提是中國方面所堅持的，這也成爲台灣遲遲不能回歸中國的原因。但是，若中國能在這兩個地區好好的吸收，展示「一個中國」的現實性，相信台灣回歸中國只是時間的問題。

二十一世紀中國邁向祖國統一，靜靜地持續基本的工作。腳步雖然遲緩，但是確實是在往前邁進。

（山本善德）

7　華僑、華人給予中國的衝擊

1　華人資本的動向

居住在香港、台灣及東南亞的華人對中國的投資，這個商業網路使得中國產生極大的改變。以香港爲主的華人資本擔任觸媒作用，教中國學習資本主義本質的市場經濟。

中國開始高度經濟成長的最大因素是從一九九二年開始經濟對外開放，外資導入急速增加所造成的。世界各國對中國的直接投資在一九九三年契約基礎爲一一一四億美元（前年同五八一億美元）急速增加。其中的八十%是來自華人世界。香港對中國的直接投資同年爲八一八億美元（實行額爲一七八億美元）、契約基礎爲七十四%，實行基礎爲六十五%。

先進七國援助蘇俄的金額是二四〇億美元，由此可知華人世界對中國經濟貢獻之大。海外對中國的直接投資，從一九七九年到一九九一年的十三年間累計爲五三七億美元，由華人資本集中的投資從九二年開始連續三年超過十%的高度成長率。

華人資本的一大特色就是資本運轉快速，投下的資本要儘可能儘早回收，觀察若有危機就不再投資。

中國的通貨膨脹高昂，預計實力者鄧小平的死期不遠使得政治不安，九四年香港對中國的投資契約基礎減半（諸外國全體對中國的直接投資同年契約基礎與前年相比減少了二六·五%，僅止於八一五億美元）沒有使投資利益確實實現的優惠措施，且預料經濟將會混亂，所以並沒有進行新的投資，投下的資金也毫不猶豫的撤回，轉投資到狀況更好的越南及東南亞諸國，這就是華人商法的做法。華人的對中投資大部分都是追求利潤，所以中國政府期待他們能對中國做回餽的投資，希望是不大了。

廈門大學南洋研究所教授李國梁於九四年十二月在香港召開的「五十年（一九四五～九四年）海外華人比較研究國際學術研討論會」上表示了同樣的見解，同時有了以下的談話。「爲了回餽中國，所以海外華僑要到中國來投資，對於這樣的見解，中國大多數的學者都不表認同。爲了追求利潤所以華人資本才會流入中國。經濟開放、十二億巨大的市場、便宜的勞工及優惠外資政策等才是吸引他們到中國投資的理由。而共通的文化及語言也是促成的要因，提高了投資效率這也是事實」。

2 集中在東南亞的華人

華人世界到底是什麼樣的世界呢？除了中國本土及台灣以外，居住在海外各地的華人大約有三千萬人，其中華人最集中的地區就是東南亞。新加坡等華人集中居住的國家稱「看得見的華人國家」，而其他散居在東南亞各國，對政治及經濟都有很大影響力的華人社會稱爲「看不見的華人國家」。

世界最大的「看得見的華人國家」的首都就是北京，而「看不見的華人國家」的首都就是指香港。住在東南亞的華人佔全世界華人的三分之二，約二千萬人（香港、台灣、澳門除外）。若再加上香港與台灣，則約有四千六百萬華人居住在這區域。

香港是受到居住國限制的華人資本家資產運用的場所，也是得到情報的場所。有很多代表東南亞的華人財團，在香港設立運用資產的金融機關，動員相關的子公司來謀求避免危機的手段而到中國投資。

印尼最大的華人集團沙里姆集團、泰國的大型康格勒馬里特、恰龍·波卡邦（C

P、正大）集團、以及馬來西亞的羅伯特·夸克集團爲其代表例。

不只流入中國，流入世界的華人資金到底有多少呢？實態不明。關於華人資本或是華人資金的規模從二千億美元到二兆美元等，衆說紛紜。根據美國銀行的推定，包括中國人在內的華人，在香港保有的資產爲一兆美元。

大型華人企業集團投入中國計畫的資金推定佔總事業費的二十%左右，而亞洲的華人企業營業額居前五百家之公司的純利益合計到九二年爲止，爲二二〇億美元左右，實際上在中國市場投資的金額（大多是運轉快速的不動產投資）可以了解到在海外投資的華人資金，並沒有一部人想像中的多。在中國國內，巨大華人資金說也遭到批判。

儘管如此，中華經濟圈的發展是毋庸置疑的。在東南亞各國華人握有龐大的經濟力，因爲東南亞諸國從一九八〇年代開始便持續維持世界最高的經濟成長。

③ 支配東南亞的華人力量

以印尼而言，華人人口只佔全體的三～四%，但是華人系企業在該國證券市場的股價佔總額的七十三%。該國排名前二百名的財閥八十%是華人（前十名財閥均爲華人）,而這二百名財閥的總資產即占國內總生產的三分之一。沙里姆財閥的總裁里姆・休里翁被稱爲蘇哈托總統的「政商」,對政治有很大的影響力。

菲律賓的華人人口佔總人口的一・四～一・六%,但菲律賓排名前一千名的公司有三五四家是華人的(一九九〇年調查)。國內商業範圍的一半、製造業的三分之一,金融界的四分之一都由華人所支配。

在泰國排名前二十名的財閥中有十九家是華人的。曼谷股市的股價總額中,華人企業的股價總額即高達八十九%,比率相當高。

在政治界泰國前首相恰恰、安南,及現任首相邱安,新加坡的前總理李光耀、現任總理吳作棟、菲律賓前總統艾奎諾、緬甸前總統但事實上現仍支配著緬甸的尼溫。這些人都是華人。

在全人口中華人所佔比率最大的(約三十五%)馬來西亞,數目約六百萬人,各產業都有華人經營,與執政界牛耳的馬來系國民合作,支配經濟界。

住在菲律賓的華人約六十萬到一百萬人,如前所述,佔總人口不到二%的比率,華人人口所佔比率雖小,但影響力卻很大。

泰國的華人人口爲三百五十萬～五百萬(同八・五～九%),但是華人能溶入當地社會，這一點在東南亞各國中是最特別的。

迷你國家汶萊，華人人數只有約六萬人，人口比爲二十%，經濟活動實際上也由華人支撐。

4 華人企業的特色

華人企業中在中國投資的代表性企業集團的特色如下：

①集團內有許多子公司，擁有複雜的出資關係。在資金面上總括持股公司。集團內有貿易公司、保險公司、銀行、證券公司，利用這些企業來調度資金。

②在企業經營方面傾向秘密主義，向來不依賴從外部借入的資金。但是近年資金調度手法多樣化、全球化。

③以同族經營爲主體。個人經營較多，能迅速做出決定。

④與歐美及日本多國籍企業關係密切，在資本、技術、市場各方面相互依賴。

⑤以多國籍經營方式積極開拓海外市場，投資對象的海外市場不僅止於中國，範圍非常廣泛。

⑥ 與居住國的政治權力保持密切關係。

⑦ 以同鄉或同業種或是宗族的關係爲主，擁有資金和情報的網路。

⑧ 重視短時間內進行資金的回收。對中國投資中一部分的華人資本，近年來已經從能短期回收的不動產開發轉移到基礎建設（社會的生產基礎），改變了投資型態。

此外，華人資本一般的特色就是集團內的融資非常富彈性且積極。因此，像東京的信用合作社由理事長經營的企業群，進行遠超過擔保價值的融資，不良債權化成爲大藏大臣的責任問題。同樣的例子，在馬來西亞等的華人系金融機關中也常見。

最初以商業、流通業爲出發點的華人企業集團，將生產部門視爲第二階段。像豐田代理店印尼的亞斯特拉集團和豐田合併，進行汽車的拼裝生產就是典型的例子。這個結果，支配生產到流通，可以獲得很大的利益。因此，現在一部分的華人資本的第三階段，則是往重大設備投資所必要的高科技及重工業投資。

5 對中國展開事業

東南亞的華人中對中國最積極投資的是，在泰國當地擁有多國籍企業的CP集團。

該集團是能代表泰國的農業綜合集團的多國籍集團，是能夠與泰國最大製造業的賽亞姆水泥（王室財產管理局擁有三十七％的股份，是泰民族系中最大的集團）相互抗衡的大財閥。不論在資產、雇用人數、企業數、海外展開、資金等各方面都在排名前三名中。

集團總裁塔寧恰拉瓦農（中國名爲謝國民），集團資產總額是三十五億美元（世界華人富豪榜排名九十四）。現在旗下企業約二百二十家，在世界十三個國家、地區擁有生產、販賣據點。其中以輸出魚製品、製造飼料等三家公司較爲傑出，在泰國民間企業營業額中排名五十名內。

在飼料生產方面，國內市場中有四十％由該公司關係企業所掌握。CP集團的特色是以農業相關的產業爲基礎而發展成的聯合大企業。

從貿易、不動產、便利超商（7—11超商）、石油化學、摩托車製造到曼谷首都圈的電話線路維修等，從農業相關事業到高科技相關事業，事業的範圍逐年擴大。CP集團的創始者謝易初，出生於潮州，對中國的懷念極深。

根據東京大學副教授末廣昭的研究，謝易初在爲四個兒子取中國名字時，長男爲「正民」、次男爲「大民」、三男爲「中民」、四男爲「國民」。四個兄弟的名字合起來就是正大中國民，是祝賀中國的詞句。四個兒子均在曼谷出生，但在中國及香港受中文教育。這個集團中與中國有關的事業有七十件，投資額四十億美元以上。

近年，東南亞華人對中國的投資增加，對於開始時期早且投資規模又大的CP集團，中國政府給予極高的評價。

尤其是一九八九年天安門事件發生半年後，訪問中國的謝國民對中國共產黨總書記江澤民及國家主席楊尙昆透露，將進行總額十億美元以上的第二次中國投資計畫。江總書記致謝辭，稱爲他「九〇年代對中國經濟協助的模範」。

在中國主要的事業是在海南島的海口市與海南省農業開發公社共同經營蝦的養殖業，和賽亞姆水泥在同樣的地點生產水泥，在汕頭經濟特區與同特區當局及台灣企業共同經營石油化學事業，在上海與中國企業合作摩托車的生產（與本田技研技術合作），此外，又在同一地區與中國企業合作生產汽車的空調設備，在北京、上海、吉林開飼料工廠，又在上海等地生產雞蛋等。

此外，又將在中國生產的汽車零件及農業機械銷往泰國國內販賣，而且又嘗試與中國企業合作栽培香菇的合併事業。

能夠幫助中國企業到海外發展的這種合併事業，中國方面深表歡迎。而這個集團贊助鄧小平的長女到曼谷開畫展等，以此擴展與中國的人脈關係，這點在華人實業中也算是佼佼者。

此外，香港最大的華人財團李嘉誠集團及馬來西亞出身的羅伯特·郭（郭鶴年）集團在北京的繁華街、王府井從事再開發事業，香港的世界集團在廣東省投資高速公路及火力發電場的建設等所謂的基礎事業。

由華人企業所投資的項目，整體而言目前以不動產投資的金額、件數較多。由於行政當局改變方針，使得李集團的王府再開發事業陷入進退兩難中。看來即使與中國最高領導部關係良好的集團，要在中國展開事業也是困難重重。

（小林幹夫）

第二部

中國經濟、金融的演變

8 中國經濟的現狀與後鄧小平時代

1 高度成長與「國有企業」

中國的中央政府「國務院」的經濟政策負責者，目前最煩惱的就是通貨膨脹問題，以及無法對應市場經濟的「國有企業」的現狀。

要列舉問題點還眞不勝枚舉。例如中央銀行（中國人民銀行）的權限強化、專業銀行的商業化（參照本書「金融制度改革」項目）、稅制改革、第三次產業的培養、失業對策……等等。但是這一連串的問題，全都與根本問題通貨膨脹及國有企業的現狀有關所產生的。政府無法將其視爲獨立問題來處理，也不能有所評論。

如表8—1所示，通貨膨脹率爲二四·一％（九四年）。這些是「改革、開放」政策以後包含現在在內，經過三次經濟過熱時代（現在還是第三次過熱期中）所導致的高

表8—1　主要經濟指標

	單位	1990年		1991年		1992年		1993年		1994年	
		實績	前年比	實績	前年比	實績	前年比	實績	前年比	實績	前年比
國内總生產(GDP)	億　元	17,695	3.9	19,580	8.0	24,379	13.2	31,342	13.4	43,800	11.8
消費者物價上升率	%		3.1		3.4		6.4		14.7		24.1
出口	億美元	620.9	18.1	719.1	15.8	849.4	18.2	917.6	8.0	1,210.0	31.9
進口	億美元	533.5	-9.8	637.9	19.5	805.9	26.4	1,039.5	29.0	1,157.0	11.2
貿易收支	億美元	87.4		81.2		43.5		-121.9		53.0	
固定資產投資額	億美元	4,449	7.5	5,279	18.7	7,855	48.8	12,458	58.6	15,926	27.8
直接投資額	億美元	34.87	2.8	43.66	25.0	110.07	152.0	275.15	150.0	338.00	22.8
外貨準備高	億美元	110.93	99.9	217.12	96.0	194.43	-11.0	211.99	9.0	516.00	131.0

（出處）：『中國統計年鑑』（各年版），由全人代報告等做成。

通貨膨脹現象。而過去最高的通貨膨脹率是八八年（第二次的經濟過熱）的十八·五%。現在出現赤字的「國有企業」爲三十四%，赤字總額約五百億元，達到國家財政規模的一成。

通貨膨脹的問題使得「改革的總設計師」鄧小平認爲是經濟成長太過急切所導致的。而政策的顧問們對於最高領導者之「不合理」的高度經濟成長構想要如何應付都傷透腦筋，聽說九三年的全國人民代表大會上揭示的經濟成長目標爲六%，翌年變更爲八~九%的目標。

當時對於應該把目標定得高些或低些的談論很多。數字上來看的確定「提高」了，但是九三年的成長是十三·二%，超出了目標的一倍以上。雖然有這種現實狀況存在，但是九四年的成長目標反而定爲八~九%，也就是希望誘導它「降低」。頭腦好的顧問們判斷鄧小平雖是高度經濟論者，但是可能察覺不到經濟的細微之處，爲了遮掩鄧小平的眼睛而變出來的數字魔術吧！這眞是有趣的評論。

「國有企業」在經過「改革、開放」政策十幾年後，依然死氣沈沈，當然有複雜的原因。「國有企業」，尤其是超過一萬社的大中型企業，幾乎擔當了中國的基幹產業。這個部分出現了大額的赤字，是不能放任不管的問題。

在「改革、開放」政策的將來也投下陰影，這麼說一點都不爲過。這個問題將在本書「國有企業改革」項目中爲各位詳述。

2 中國通貨膨脹的原因

自九二年以來，「改革、開放」政策歷經了三次經濟過熱現象而導致通貨膨脹。這三次通貨膨脹的主要因素，隨著市場經濟加速化，各自產生了不同的原因。

最初的經濟過熱是發生在八五年。距離「改革、開放」政策已過了六年，這個時期的特徵是舊體制的中央計畫經濟漸趨緩和，價格改革（從公定價格演變爲市場價格）進步，非國有部門的生產急速上升。因此，投資（非國有部門的企業建設、國有部門的固定資產投資）膨脹，貨幣供給量增加。而物價的市場價格化使得計畫經濟時代所設定較低的諸物價，因供需關係而上升。同年的經濟成長（GDP）比前年增加十一·八％，CPI（消費者物價指數）上升率比前年增加了近十％。爲了解決這些狀況，當時的政府並沒有企圖「軟著陸」，仍然拖著計畫經濟的大尾巴，而採用嚴格限制固定資產投資的粗糙措施。結果八六年二月工業生產出現零成長。

第二次經濟過熱是發生在八八年。因通貨膨脹導致學生運動發生，對於「天安門事件」有很多評論。但是支持學生運動的一般市民，認爲學生運動的重點並不是對經濟現狀不滿。而「改革、開放」政策的促進、政治民主的實現、反對黨的腐敗等這些政治問題才是學生運動的焦點。

這個時候經濟過熱持續上次經濟過熱現象，進行價格改革是原因之一，而新的原因是因地方政府握有獨自的財政權限，中央政府無法有效的控制投資活動的熱絡，使得貨幣供給量急增。

地方政府握有強大的財政權限，是基於當時「改革、開放」政策推進者的想法，尤其是沿海地區的省、市因擁有獨自的財政權限，重視各地方的特殊性，可以依照獨自的方針來發展（包含外資導入）。因此中央政府（國務院）就無法掌控全國的發展計畫，中央政府無法得到與地方政府一般的財政權限，這種現象稱爲「諸侯經濟」。

這個結果造成沿海地方的廣東省和福建省，各自營建導入外資的環境，充分活用得自中央政府「國有企業」的利潤，累積財富。中央政府對此的掌控幾乎等於零，地方獨自的投資行爲活絡化，這些都成爲貨幣供給量驚人成長的原因。八四年中各四半期的貨幣供給量維持三十%以上增加率。

這一時期的經濟過熱，在總體的經濟面上可以上述的理由加以說明，原因是政治要素較強。八七年秋，中國共產黨召開第十三屆全國代表大會。在席上坐在首位的趙紫陽，以「社會主義初級階段論」及「沿海發展大戰略論」做爲今後「改革、開放」政策的基礎。黨主腦認爲這段談話會加速經濟的活性化（嚴格說起來造成經濟過熱）。關於這個問題，稍後再爲各位叙述。

第二個經濟過熱，在八八年後半開始保守色彩濃厚的「政治整頓」（批判十三屆黨大會中的趙紫陽路線，重新評估「改革、開放」政策、緊縮投資膨脹現象）及稍後發生意識形態要素較強的「天安門事件」之後終於迎向結束，八九年的CPI爲十七·八%，翌年九〇年只有二·一%，經濟成長率也在八九～九〇年間跌落到四～七%。

這種現象在市場經濟成熟的國家是不可能出現的。這顯示出中國經濟政策依然拖著意識形態及計畫經濟的尾巴。

3 鄧小平的「南巡講話」

第三經濟過熱通貨膨脹是在九二年以後，這個時期隨著「改革、開放」政策，經過一段時間，價格改革已經接近完成的階段，因此，直接的物價上升因素較爲淡薄，政治的要素成爲經濟過熱的原因。鄧小平的「南巡講話」（九二年春天），鄧小平本身在意識形態色彩強烈的「天安門事件」發動以後，害怕因此會導致經濟活動沈滯，因此到上海、深圳等南方各地訪問，想要使得意識形態色彩變淡，藉此擴大生產。

「南巡講話」主要是要結束「意識形態」，因此有很多名人出現。「計畫經濟的要素較多，還是市場經濟要素較多，並不在於社會主義及資本主義的不同，計畫經濟與社會主義不是同義語，資本主義社會也有計畫，市場經濟也不是資本主義的同義語，社會主義社會也有市場，計畫與市場只不過是經濟（營運）的手段而已。」這段發言就是其中的代表。總之，希望不拘於意識形態，全力追求利潤。

這個「南巡講話」，是在九二年秋天黨大會上被稱爲是新路線，強制全黨員學習。藉此從「改革、開放」政策中抽掉意識形態的要素。擴大解釋就是說中國共產黨不再是具有強烈意識形態色彩的社會主義政黨，而是爲了「改革、開放」政策的推進，單純的變爲「秩序維持黨」。在社會主義名下，「市場經濟」的經濟用語中國公開承認是在「南巡講話」之後的事情。

在這之前，保守派（九五年四月死去的陳雲等人）的勢力很強，因此「以計畫經濟爲主，市場經濟爲副」，或是不使用市場經濟用語，「商品經濟」等代替用語來推行「改革、開放」政策的時代一直持續著。

鄧小平乾坤一擲的「南巡講話」，使得「改革、開放」政策後的中國形成大轉換。九五年四月中國共產黨幹部都傳說「鄧小平已死」，這並不是對鄧小平的批判，而是說鄧小平活著的時候，該做什麼事情，已經做了；而現在他死了，中國也不應該朝向其他方向發展。他的最大功績就是不拘泥於意識形態，而朝向市場經濟邁進，將這種環境和條件遍植於中國全境。

毛澤東思想（大躍進政策）造成悲慘結果的六二年，鄧小平說以後不管是白貓或黑貓，只要會抓老鼠的貓，就是好貓，想要藉著意識形態全力解放生產力的毛澤東，強烈的批判，說意識形態不重要，生產物資的技巧才重要。

所以，「南巡講話」可說是白貓黑貓論的最後修飾了。

4 趙紫陽的今後

八七年的黨大會中，趙紫陽發表「社會主義初級階段論」和「沿海發展大戰略論」，堪稱趙紫陽的路線「改革、開放」政策的方向明確，重要的意義是「初級階段論」。關於初級階段論，趙紫陽定義「從貧困和落後中脫離的階段，以手作業爲基礎的農業國，轉移到現代化工業國」。同時認爲「發展生產力是否有利，這必須是認爲考慮問題的出發點」。而後半的部份與鄧小平在「南巡講話」的內容相同。

黨大會推出「初級階段論」時，趙紫陽寫了一封簡短信送給鄧小平，詢問他的意見（黨內部文書）。脫離中國共產黨的意識，鄧小平與趙紫陽共同作業。處理「天安門事件」錯誤的趙紫陽之所以失勢，是因爲當時的保守派力量依然很強，而鄧小平也無法對抗。

鄧小平死後，大部份人預測，現任黨書記江澤民（國家主席、中央軍事委員會主席）會繼承權力，但是江澤民的毀譽褒貶過強。最大的弱點是他只知道上海市（到天安門事件爲止，擔任上海市長），不具有從廣大中國集結熟悉地方實情的智囊團的力量。

後鄧小平時代的「改革、開放」政策是否能夠順利推展，其關鍵在於以江澤民的上海派為主的智囊團是否會失敗。這時趙紫陽具有非常大的魅力，也許會再登場，在中國境內有些人會有這樣的觀測。趙紫陽的「改革、開放」政策開始之前，擔任四川省黨委書記，嘗試在省內的「國有企業」的自主權擴大，是獲得成功的人物，因此，我敢斷言，他具有蓄積力量，控制各地方政府的力量。

5 今後經濟政策的方向

趙紫陽在第三次黨大會的「社會主義初級階段論」喚起第二次的經濟過熱，鄧小平的「南巡講話」產生第三次的過熱，尤其鄧小平主張經濟的高度成長，但是同時會產生矛盾方面的問題點，並沒有多加注意。

結果，貨幣供給量增大的元凶，是固定投資額連年成長（參照表8－1），到九四年稍微平靜。大都是由官僚朱鎔基——副總理兼人民銀行行長（中央銀行總裁）的手腕所造成的。

在經濟營運方面，必要的行政措施，不只是控制貨幣供給量，也就是說不只是通貨膨脹而已，還包括「國有企業」的改革問題。但是現有企業問題不是由朱鎔基負責，而是由中央地方之「經濟體制的改革委員會」的極力努力。由朱鎔基負責的金融方面的改革，是包括強化中央銀行的權限，有效的展開控制。四個專業銀行（工商、建設、農業、中國）的公共事業的融資暫時停止，讓他們獨立爲商業銀行等的懸案事項很多。市場經濟的中國眞正出動以來，尤其金融方面負責者，朱鎔基受到各國的期待極大。極言之，甚至有人評論他，說他是「下一任總理」。（註：九八年三月任總理）

但朱鎔基不是政治家，而是官僚，在後鄧小平時代，朱鎔基的地位也不會產生變化，即使總理李鵬因某種原因而辭職，後來繼任者應該是常務委員長喬石，或副總理李嵐清（負責導入貿易外資）。

朱鎔基若能保持現職的權限，在失去鄧小平的壓力之後，最初的政策是重新評估高度經濟成長，抑制通貨膨脹。中國現在因爲能源、素材、交通、運輸等基本部門的供給不足，而感到煩惱（陷入瓶頸）。在這種狀況中，中國的通貨膨脹要因，有些評論首先推出的就是投資的膨脹。在其背後對於「瓶頸」部門投資不夠，而發生了成本造成通貨膨脹，在中國內認爲這是最大的問題。如果無視於這種狀況而持續高度經濟成長，會呈現中國經濟的矛盾，鄧小平對此也須負責。

（平田昌弘）

9 地域間的經濟差距

1 地域間的差距是成長的瓶頸嗎？

(1) 地域間差距的發生

中國政府從西元一九七八年末開始，導入市場經濟，進行方向是漸進的而且是部份的，所以態度是非常慎重。舊蘇聯和東歐諸國等其他市場經濟移動國，在這兩點上是不同的。IMF（國際貨幣基金）也評論「由地方主導漸進改革才能展現成果」。

雖說是漸進的，而後來的課題很多。因此，國有企業的經營效率使市場經濟能發揮正常機能的財政、金融制度的確立，以及市場經濟範圍內的法律制度的整備，這都是今後中國市場經濟化主要的課題。

中國經濟的地域間差距，問題也就在於中國市場經濟化是階段性的。導入經濟改革對外開放政策後，以沿海部的經濟發展爲優先考量，強化地方的權限，重新評估價格體系，培養非國營企業等等市場構造的導入，使得地方裁量權方面沿海的權力強化。這種傾斜的地域發展戰略，雖然導致中國經濟高度成長，但是豐饒的地區不斷的發展，而發展落後的地區也出現了。

中國從六四～七一年之間實施了三線建設，重視內陸部的經濟建設，而內陸部的投資急增，陸續設置了軍事工業及重化學工業等企業。但是這些企業經營的效率較低，設備無法更新，所以經營狀況惡化，反而導致內陸部的工業部門停滯。

再者，我們來探討中國地域間差距的現狀，及政府今後的動向。

(2) 沿海與內陸的經濟差距

高度成長的沿海部與低迷的內陸部，兩者經濟成果出現很大的差距。九三年中國經濟狀況以地域別來看，沿海部佔國土的十三．五％，但生產量達國內總生產量的五八．三％。個人的ＧＤＰ爲六六九美元，是內陸西部的二．二倍（表9－1）。

個人國民收入的平均實質生產率（七九～九二年）與九二年個人的國民收入水

表9—1 地域別的經濟規模比較（1993年）

		沿海部	內陸中部	內陸西部	合計
面　積	萬平方 km	129	286	541	956
佔有率	%	13.5	29.9	56.6	100.0
人　口	萬人	45,536	42,215	26,985	117,736
佔有率	%	41.2	35.9	22.9	100.0
GDP 總額	億元	18,708	8,637	4,726	32,071
佔有率	%	58.3	26.9	14.7	100.0
個人 GDP	美元	669	355	304	473
工業生產額	億元	37,239	12,404	5,879	55,522
佔有率	%	67.1	22.3	10.6	100.0
出口額	億美元	701.0	113.0	36.0	850.0
佔有率	%	82.5	13.3	4.2	100.0
對 GDP 比	%	28.6	9.3	5.4	19.2
直接投資接受額	億美元	238.9	24.3	10.3	273.5
佔有率	%	87.3	8.9	3.8	100.0
對 GDP 比	%	7.4	1.6	1.3	4.9

（註）1.出口爲92年的數字

2.直接投資接受額爲實績基礎。

（出處）中國國家統計局『中國統計年鑑』。

圖9—1 各省別每位國民收入的比較

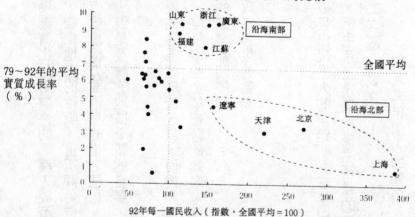

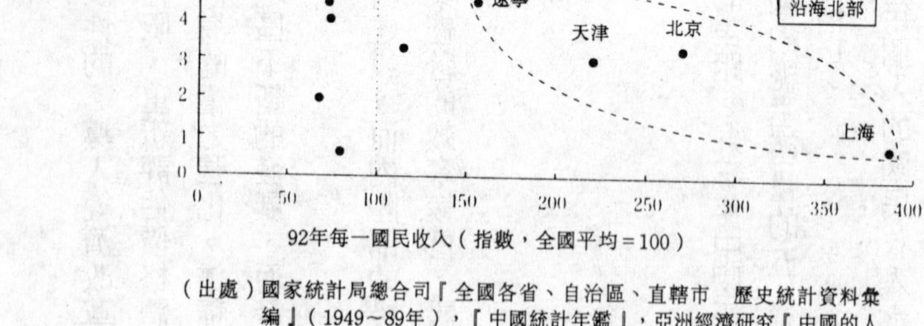

（出處）國家統計局總合司『全國各省、自治區、直轄市　歷史統計資料彙編』（1949～89年），『中國統計年鑑』，亞洲經濟研究『中國的人口統計』。

準，以省別來比較，沿海部與內陸部還是產生很大的差距（圖9－1）。例如，廣東、山東、浙江、福建、江蘇省等沿海南部，成長步調顯著提高，所得水準急速提升。北京、天津、上海等直轄市，所得水準的伸展率較低，但是這些地區，不包含在國民收入內的服務部門非常的活絡，因此，以實態而言，伸展率還是很高。而另一方面關於其他內陸部所得水準與成長率都很低。

內陸部的經濟在七十年代末期以後，並不是一貫的停滯現象。從七八～八〇年中期，在改革、開放前期時，出現凌駕於全國平均值的高成長；從七八～八五年的平均實質GNP成長率，內陸部超過全國平均值的九·五％，出現高成長的省分很多。

在中國，經濟改革進展時，首先進行農業改革，創設個體農，提高農產品價格，致力於農村經濟的活性化。如此是爲了使得對於農業依賴度較高的內陸部經濟成長步調提高。但是八〇年代後半期，政府經濟改革的重點，逐漸移到都市，對於農業依賴度較高的內陸部經濟成長步調，漸趨緩和。

八〇年代中期以後，沿海部持續維持高成長，但是內陸部卻無法延續高成長。

2 地域間差距的改正

(1) 地域間差距的背景

地域間差距發生的原因，如先前所叙述的，是因爲重視沿海部發展的中國政府的政策。以沿海部發展爲先行考量之政府的施政，使得資本的集約度，人的資本的蓄積度在沿海部提高，導致地域間的差距。

例如：省別的投資資金的投入量，七八年以後，沿海部比內陸部的投入量更多。各省八二～九二年的平均投資比率（投資額對GNP比）的比較，沿海的比率較高，凌駕於全國平均値之上，而內陸部則相對的降低。但八二～九二年的平均投資增加率方面，廣東、江蘇省等，以南部爲主的沿海部較高（圖9－2）。沿海部較高的投資比率是受到①國際計畫投資集中於沿海部；②在沿海部積極的導入外資的支持。

再者，教育的程度如何？適切蓄積人的資本方面的問題，沿海部與內陸部也產生了差距。例：九二年時代地域別的文盲程度（十五歲以上人口中所占的比率），高等教育

（大學程度）的普遍性（六歲以上人口所占受過高等教育的人口比率）加以比較時，沿海部比內陸部更高。內陸部的農村爲了增加勞動投入量，大約只修完初等教育就從事農作業。教育水準的提升，使得勞動者得到所得更高職業機會提高，結果就提高了所得水準。

(2) 改正差距的政府方針

中國政府隨著內陸部和沿海部的經濟成果的差距漸趨明顯，之後開始重視改正地域間所得的差距。九〇年代以後，開始振興落後內陸部的經濟。

爲了使內陸部經濟活性化，中國內陸農村部龐大剩餘的勞動力，全都由沿海部加以吸收是不可能的，故致力於內陸部經濟的活性化，要創造僱用機會，因此採取的措施包括：

①整備農業基本建設（灌漑設備、土地改良等）。藉此提升農業生產性。

②利用非農業方面的振興，擴大僱用所得的機會。

③對外開放政策，滲透到內陸部。

關於①受到重視農業投資的擴充。九〇年以後，中央政府的農業投資增大，九四年

表9—2　地域別的教育水準之比較（1992年）

	全國平均	沿海部	內陸中部	內陸西部
高等教育普及度	1.150	1.825	0.731	0.716
文盲、半文盲度	16.33	13.05	15.00	22.72

（註）：1.高等教育普及度＝6歲以上人口，100人中接受高等教育（大學程度）所佔的人數。

文盲、半文盲度＝15歲以上100人中所佔的文盲、半文盲的人數。

2.廣東省、海南省，新疆自治區、西藏自治區除外。

圖9－2　各省別的投資動向比較

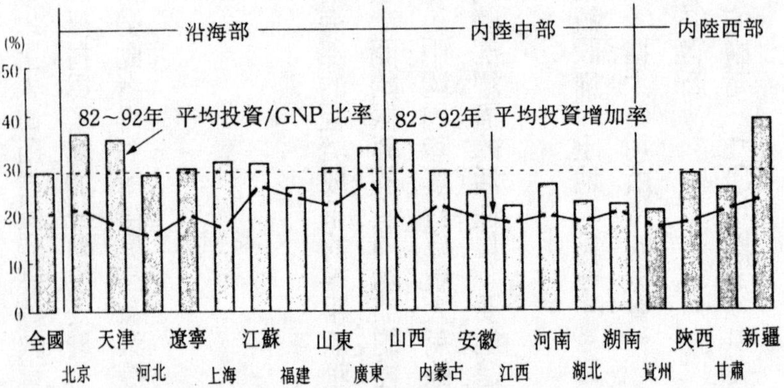

（註）：1.投資比率＝總固定資產投資總額/GNP 總額。

2.總固定資產投資總額＝政府及民間部門的設備投資及住宅的總計

3.內陸部當中，山西省是煤，新疆維吾爾自治區是石油的主要產地，投資額的規模相對增大。

（出處）：國家統計局『中國統計年鑑』。

開始開放銀行、農業發展銀行等的政府系金融機構開業，而且由於導入分稅制，強化中央財政，希望將年收入的六成、年支出的四成置於中央的管理之下。透過這些政策，使得內陸部的農業投資增加。

②內陸部的中小都市的振興，農村內非農業方面（工業、服務業等）的培養是主要目標，同時調整內陸部的教育，希望比沿海部教育水準提高。爲了提升生產性，技術、知識的普及，以及非農業方面的促進就業等，不可或缺的就是要提高教育水準。

③面對國境的內陸部推進國際貿易，促進外資導入等。關於國境貿易方面，九二年三月的全國人民代表大會中，李鵬總理報告「內陸邊境，民族地區對外的開放與邊境貿易要依序推進」。在中央政府的指導之下，近年來貿易額急速伸展，九二年內陸部的十三都市被指定爲國境開發都市，擴大對外交易的自主權，也可實施優惠制度。九五年三月中國對外貿易經濟協助部指示對於中西部對外的獎勵措施。對中西部①給予與沿海部外資優惠待遇，②大量投入外國政府借款及國際金融機構的融資。

圖9—3　中國：地域別的勞動力流入率與薪資水準的相關性

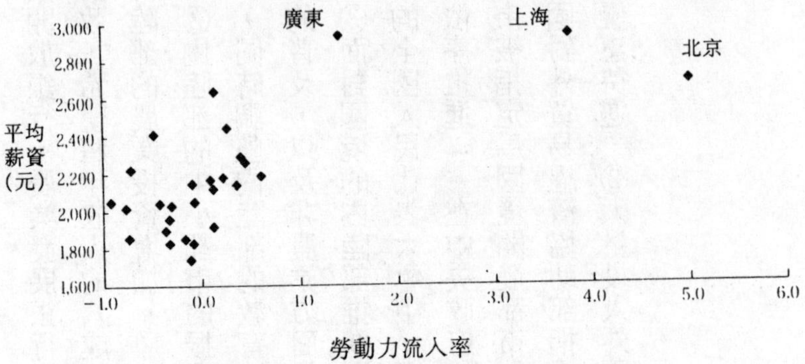

（註）：1.平均薪資是1990年各省別的1人薪資。
2.勞動力流入率＝純人口流入量/各省1990年的人口×100。
3.純人口流入量＝85年7月1日～90年6月3日之間流入該省的人口減同期間從該省流出的人口。

（出處）：『中國統計年鑑』，由第4次人口調查資料做成。

3 何謂有效的經濟政策？

(1) 緩和勞動力移動的限制

縮小地域間所得差距的手段，就是緩和勞動力的限制。

從低生產性部門移到高生產力部門勞動力的移動，可以促進低生產性部門過剩的勞動力，促進所得的增大，同時急速發展的高生產性部門的僱用可以得到滿足，而且高所得地域得到的所得，還原給低所得地域。

事實上，在上海、廣州等沿海都市，隨著急速經濟成長，盛行建設。隨著外資的進駐增加，對於低薪資者的勞動需要量增加。

都市居民當中都有不喜歡從事建築業的傾向，而這類的業種都需要依賴從內陸部出外勞動的勞工。

中國在五〇年代以來，限制勞動力的移動。如果沒有結婚、升學等理由，除了本地以外不可在其他地方居住。八四年以後，人口十萬人以下的小都市（集鎮），允許農民的戶籍移動，而進行若干的緩和限制。而現在到都市勞動者，因爲沒有都市戶籍，所以在就業、居住、教育等方面，留下了一些問題。但是由於部份的限制緩和實施及都市經濟水準的提升，勞動者的移動逐漸增大。

根據第四次調查，發現各省的人口純流入量（省內的流入量減省外的流出量），大致與所得水準成正比（圖9—3），內陸部流出的較多，廣東、上海、北京的所得水準較高的省市，流入的傾向較多。九四年稱爲「民工」的出外賺錢的農民，總數是五千萬人，占全人口的四・二%。

但是中國是人口大國，勞動力移動的自由化會引起社會的混亂。據說有二億人的農村部的過剩勞動力，如果急速朝向都市部，尤其是沿海部移動，則隨著都市基本建設整備的落後，生活環境會極度惡化。

因此，中國政府對勞動力的移動限制緩和，也會很愼重。

(2) 致力於更均衡的經濟發展

擁有廣大國土和世界最大人口的中國，在資源分佈及民族構成、產業構成是多樣化的國家。各地區的潛在力與中國經濟的責任必須再加以評價，而不同的經濟條件，應該加以運用，促進經濟的振興，致力於調和的經濟發展。

因此，政府以全國性的規模持續市場經濟化的進展，同時希望能夠改正地區間所得的差距，朝這方面持續努力。

根據九四年發表的產業政策中表示，呈現地域傾斜的經濟政策，今後將扭轉爲產業傾斜，希望能夠支援內陸部的開發。內陸部將隨著農業部門的活化與鄉鎮企業的振興，提升了農村的經濟，就能夠活用豐富的資源，同時活絡的展開對外經濟關係，就可提升經濟水準。

（高柳靖子）

10 經濟成長的原動力「外資」

1 接受急增的直接投資

中國以往對外資的利用、吸收是採用三種方法。第一是對外借款（外國政府借款、來自世銀等國際金融機構的借款）。第二則是外國企業的直接投資（合併、合作、一〇〇%外資，也就是『三資企業』及共同開發）。第三是其他投資（補償貿易、委託加工、併裝、國際租借）。這些外資流入中國，緩和包括外資在內的國內資金不足現象，而提升了資本蓄積率以及投資率，在加速經濟發展上發揮重要性。

其中，外國企業的對中投資，從現行改革、開放政策開始，自七九年到九三年爲止，累計契約的基礎件數有十七萬四千二百二十八件，金額達二千二百一十八億九千八百萬美元，而實行金額有六百一十八億七千萬美元。在這期間三次的對中投資旋風，首先是在八四～八五年出現，八五年到顚峰期。但是同年春天的緊縮經濟，對外資的導入採取限制強化的措施，因此，八六年的契約件數、金額都減半。

第二次是八八～八九年春天，主要原因是八六年十月的「外國投資獎勵規定」的制定，以及八七年十月第十三屆黨大會議中決定推進改革、開放政策，和八八年一月的沿海地區經濟發展戰略等。而八九年六月的天安門事件發生與西方先進國的經濟制裁，使得這股旋風暫時停止。

到了九一年時，對中投資再度掀起旋風。九二年初的鄧小平「南巡講話」之後，投資激增。九三新規的契約件數（約八萬三千件）、金額（突破一千億美元之大關）與過去十四年間的總和相匹敵，呈現今年的成長率。而中國成爲投資的對象國，在九二、九三兩年（實行分）在世界各國都是排名第一。

對中國直接投資額急增的背景是：①包括不動產方面，零售、流通和金融等，第三次的產業投資逐漸得到許可，採取了外資政策限制緩和措施，②昔日以沿海地區爲主接受投資對象地區，逐漸朝向長江流域沿岸的都市及國境都市等內陸部擴張，③以外幣平衡爲前題的同時，階段性的開放國內最大市場，讓外資流入，提高內銷志向的企業進駐等等，同時亞洲諸國華人企業進駐更爲顯著。

在這過程當中，九一年以來，初見大幅成長率的對中投資，繼九二、九三之後，在九四年出現急速成長的反彈現象，經過了顛峰期。八年來第一次前年比減少。但是關於實行額方面，前年比增加二三・七%的三三八億美元，依然著實的創新過去最高記錄。這個實行額以投資契約的實行率演變來看，七九～九三年爲二七・九%，非常的低，七九～九〇年爲四七・〇%，有若干的提高，九一～九三年時受到投資大型化及出資期間長期化的影響，只有二二・七%二成強的程度而已。

此外，投資件數在八八年以後，終於一年超過五千件，而一件的平均投資額，是自八八年的八十九萬美元到九二年的一一九萬美元，到九四年擴大爲一七一萬美元。

以對外貿易經濟合作部的資料爲主，爲各位列舉在中國接受直接投資的特徵。

①形態別投資

到八五年爲止，以合作形態占壓倒性多數，八八年中國政府的方針轉換，一〇〇%外資企業急增，七九～九三年間的契約累計件數，合併企業占六四・九%，其次是一〇〇%外資企業（十九・四%），合作企業（十五・六%），近年來合作的形態比重大幅低落。

②國、地域別投資

開放以後至九三年爲止的契約累計額，香港、澳門占整個市場的六八%，爲第一位，接著是台灣（八·三%），美國（六·五%），日本（四·〇%），新加坡（二·二%）。除了前五名以外，近年像九二年八月與中共建交的韓國以及泰國等ＡＳＥＡＮ諸國的投資也非常活絡。九四年香港、台灣、美國等主要國地域的契約額銳減，而日本則持續增加，對日本而言，中國現在可說是超越印尼，在亞洲最大的投資客戶。

③業種別投資

只有契約基礎統計而且不包括製造業（工業）在內，分類非常的草率。來自海外投資大都集中於工業或不動產業，前者占五二·八%，其次是後者占三二·六%。大規模不動產開發投資的增加是在九三年，後者的市場占有率有四成，急速擴大。八〇年代後半期，件數、金額的比重都有增高傾向的工業方面，這一、二年來市場占有率逐漸降低。縫製、紡織、電子、塑膠等勞動集約的組合加工業爲主要業種，而近年來的政府所獎勵的農業和能源、交通運輸等基本建設和基礎產業的投資也開始增加了。

表10—1 中國直接投資導入的演變

（單位：件，億美元）

		其中 1979～93年			1990年			1991年			1992年			1993年			1994年		
		契約基礎		實行金額	契約基礎		實行金額	契約基礎		實行金額	契約基礎		實行金額	契約基礎		實行金額	契約基礎		實行金額
		件數	金額		件數	金額		件數	金額		件數	金額		件數	金額		件數	金額	
外國企業直接投資		174,228	2,218.98	618.70	7,273	65.96	34.87	12,978	119.77	43.66	48,764	581.24	110.07	83,437	1,114.36	275.15	47,549	826.80	337.67
	其中合併企業	113,041	1,056.29	328.94	4,091	27.04	18.86	8,395	60.85	22.99	34,354	291.29	61.15	54,003	551.74	153.48	27,890	401.94	179.33
	100%外資企業	33,847	554.42	115.90	1,860	24.44	6.83	2,795	36.67	11.35	8,692	156.96	25.20	18,975	304.57	65.06	13,007	219.49	80.36
國、地域別	(1)香港、澳門	114,147	1,509.29	385.18	5,001	39.43	19.13	8,879	75.07	24.87	31,892	415.31	77.09	50,868	767.53	178.61	25,527	486.93	201.75
	(2)台　灣	20,982	184.32	50.56	1,103	8.90	2.22	1,735	13.89	4.66	6,430	55.43	10.51	10,948	99.65	31.39	6,247	53.95	33.91
	(3)美　國	12,011	144.26	52.37	357	3.58	4.56	694	5.48	3.23	3,265	31.21	5.11	6,750	68.13	20.63	4,223	60.10	24.91
	(4)日　本	7,180	88.95	52.03	341	4.57	5.03	599	8.12	5.33	1,805	21.73	7.10	3,488	29.60	13.24	3,018	44.40	20.75
	(5)新 加 坡	3,122	48.43	－	72	1.03	0.50	169	1.55	0.58	742	9.97	1.22	1,751	29.54	4.90	1,443	37.78	11.80
業種別	(1)工　業	129,043	1,170.83		6,591	55.69		11,632	96.23		38,603	326.67		56,549	511.74				
	(2)不動產、公共服務業	17,981	723.15		158	4.52		401	15.04		4,536	180.80		11,322	437.71				
	(3)商業、飲食、倉庫業	7,728	79.08		96	1.07		236	1.74		1,505	14.44		4,842	46.06				
	(4)建築業	4,944	65.82		43	1.81		77	1.34		1.125	18.39		3,167	38.78				
	(5)交通、運輸、郵電業	2,025	36.06		51	0.36		69	9.50		470	15.43		915	14.90				
地方別	沿海省、市、區	143,334	1,799.44		6,556	59.63	29.74	11,262	101.95	38.89	39,644	515.57	98.02	66,024	958.62	236.91			
	其中																		
	(1)廣東省	45,388	747.21		3,042	26.90	14.60	4,554	49.05	18.23	9,769	188.59	35.52	16,768	331.49	74.98			
	(2)江蘇省	20,370	197.76		393	2.86	1.24	1,138	7.37	2.12	7,854	71.62	14.60	10,257	108.43	28.44			
	(3)上海市	6,949	133.52		201	3.75	1.74	363	4.31	1.45	1,999	29.03	4.81	3,645	69.89	31.60	3,802	100.26	36.05
	(4)山東省	13,083	125.51		366	2.33	1.51	801	6.55	1.80	4,109	39.20	9.73	7,227	70.60	18.43	3,650	52.6	25.4
	(5)福建省	12,794	124.77		1,043	11.62	2.90	1,219	14.49	4.66	3,113	63.51	14.16	4,714	113.66	28.67	3,026	71.8	37.12
	內陸省、區	29,581	247.99		676	4.05	1.94	1,644	7.88	2.37	8,481	63.17	9.21	17,248	148.70	33.95			
	其中																		
	四川省	4,084	45.35		134	1.01	0.16	232	1.23	0.24	1,178	10.67	1.02	2,385	30.40	5.60			
	湖北省	4,004	32.92		99	0.39	0.29	228	1.15	0.46	1,286	10.18	2.03	2,194	19.39	5.38			

（出處）：根據『中國對外經濟貿易年鑑』各年版，中國的新聞報導，地方的統計局公報做成。

④ 中國國內的地方別投資

以往擁有深圳經濟特區的廣東省，集中了主要投資客戶，現在其市場占有率逐漸縮小，進入九〇年代，上海、江蘇、浙江等長江三角洲地區的投資增加。十二個沿海省、市、自治區組成的東部沿海地區占全體約有八成，趨勢並無很大的變化，沿海地區的投資開始分散化了，全方位開放的『三沿政策』，在九二年推出以後，四川、湖北兩省內陸部的投資增加也非常顯著（以上參照表10－1）。

2 逐漸增高的外資企業的經濟貢獻度

隨著企業進入中國，外資企業在中國經濟當中占很重要地位。生產、投資、貿易等，比重逐漸增強。九〇年代以來，達成過去三年間的高度成長，與國有企業相比，成長率非常高的外資企業也有顯著的發展，今日和鄉鎮企業並稱是促進中國經濟成長的二大車輪。

關於這點，中國外商投資企業協會的劉一民會長，在九四年十二月訪日時的演講說：「九四年上半期，外資企業占全國進出口總額的約三十七%，九三年外國企業的直

表10—2　社會固定資產投資與對中直接投資的比例關係

年	社會固定資產投資(a)（億美元）	對中直接投資(b)（實行額，億美元）	(b)/(a)（％）
1983	720.0	6.36	0.9
1984	767.0	12.58	1.6
1985	865.9	16.61	1.9
1986	874.3	18.74	2.1
1987	978.2	23.14	2.4
1988	1,208.0	31.94	2.6
1989	1,100.0	33.92	3.1
1990	930.0	34.87	3.8
1991	1,034.8	43.66	4.2
1992	1,424.5	110.07	7.7
1993	2,093.0	275.15	13.1
1983～93年平均增加率	11.3	45.8	-
1994	1,847.8	337.87	18.3

（註）：社會固定資產投資當中，1994年等低於前年實績是因爲人民幣對美元大幅度下滑爲主要原因。

（出處）：根據國家信息中心編『1995年　中國經濟展望（上）』，1994年11月，p59的表1進行若干的修正，追加而作成的。

接投資額爲全國固定投資的十三％，而其工業的生產額是全國工業生產總額的十一％。」也就是說，外資企業對中國經濟的確是多有貢獻。由外國企業在中國經營直接投資的具體貢獻，從以下六方面來加以掌握。

①彌補經濟建設的資金不足

中國以往經濟發展最大的限制要因，就是資金不足，尤其大規模的經濟建設到近年來才能全面展開，而這傾向更爲顯著。使得緊縮的國內資金需求狀況稍微緩和的，就是由海外導入外資，其中也包括外國企業對中國的投資。

表10－2的對中直接投資，表示在中國全固定資產投資中所占比率逐年上升。八〇年代時，同比率平均只有二·八%，而進入九〇年代以後，九一年爲四·二%到九三年一舉上升爲十三·一%，九四年隨著年初的匯率統一，人民幣大幅度貶值（一美元兌換八·七元），因此，增大爲十八·三%。

由於海外資金的流入，在量的方面有效的彌補經濟建設上資金不足的問題，而在質的方面使得生產力水準提升，促進長期的資本形成。

② 加速供給量的增大及技術的進步

與外國企業的合併合作，使得製品的性能、品質、技術、設計等各方面，與先進國家之間縮短十五～二十年之間的差距。而且由於外資的導入，主要家電製品等耐久消費材的生產能力增加了，部份的製品也能夠彌補國內廣泛的需要，而且能大量的出口，具體例子就是彩色電視機。

同生產量在八〇年時只有三·二萬台，十年後到了九〇年爲一〇三三台，超過了一千萬台大關，這一年的年平均，事實上達到了七八·一%高成長率，九四年爲一六八九萬台，而生產力部份可以外銷，同出口量從八九年的二〇七萬台到九四年時增加爲四四二萬台（五億一千四百萬美元），五年來增加了一倍。

現在中國爲世界第三大彩色電視生產國，到本世紀末時生產量可以達到一千八百～二千萬台，出口量爲六百～八百萬台。此外，製造基礎較弱的沿海部的華南地區（廣東省爲主），由於來自海外的直接投資積極的導入，企業技術進步非常快速，而在若干的加工技術及製品設計等的範圍中，在全國是名列前茅的。

③促進成長的大挑戰

以所有別制來看工業生產的成長率，八〇年以來以外資企業最高，其次是集團所有制企業，最低的是國有企業。八〇年～九〇年外資企業的工業生產額是每年平均爲四五・一%，而國有企業爲八・二%，因此中國工業生產額中，外資企業所占的比率如表10—3所示，逐年增加。外資企業最早進入中國的八〇年時期，其比例只有〇・四%，九二年時爲七・四%，到九三年時已經達到二位數，上升爲一〇・二%。

另一方面，外國投資對於中國地域經濟發展的影響，在東南部發揮了極大的作用。接受外資的比例較高的廣東、福建兩省和上海市，同地區的外資企業的工業生產額在同生產總額中都達二十%以上的比率，其中，廣東省自改革、開放以來，在中國成爲經濟

表10—3　外資企業對於中國工業生產的貢獻度

年	工業總生產額(a)（億元）	國有企業工業生產額（億元）	集團所有制企業工業生產額（億元）	外國投資企業工業生產額(b)（億元）	(b)/(a)（%）
1980	7,300.9	6,215.7	1,538.4	29.6	0.41
1985	12,884.7	9,179.9	3,797.7	146.1	1.13
1988	20,454.4	12,217.2	7,076.4	526.9	2.58
1989	22,200.5	12,688.8	7,817.8	814.7	3.67
1990	23,924.0	13,063.8	8,522.7	1,047.6	4.38
1991	27,464.7	14,189.9	10,090.9	1,572.5	5.73
1992	35,017.4	15,949.5	14,054.8	2,592.3	7.40
其中1991年各省、市					
廣東省	3,479.39			917.91	26.4
福建省	915.51			212.74	23.2
上海市	2429.29			516.75	21.3
	(2,374.06)	(1,311.41)	(457.75)	(268.12)	(11.3)
北京市	1,085.77			113.90	10.5
天津市	997.91			101.11	10.1
江蘇省	4,673.57			263.36	5.6
遼寧省	2,387.85			123.76	5.3

（註）1.1980，1985年兩年，總額超過括號內的合計，因此刊載原文。
　　2.（ ）內的數值根據『上海市統計年鑑』。
（出處）：根據國家信息中心所編『1995　中國經濟展望（上）』1994年11月，pp.62，62。

最高度成長的地方，而其最重要的要因，就是外資企業的貢獻度。

④對於外幣的獲得貢獻頗多

外資企業對中國而言是出口的重要基地，同時也是對外貿易的重要窗口。利用這類外資的進出口管道，不斷的吸收先進技術、設備，進口國內缺乏的原材料，而且發展最有銷路的出口商品，能夠擴大中國貿易的規模。

中國對外貿易中所占的外資企業的比率逐漸增高，八七年時三資企業的出口額爲十二億美元，在同年的出口額中比率只不過二·五%，到九三年時爲二七·五%，九四年爲三四七億美元，達到二八·七%（例如福建省爲五〇·一%，江蘇省有四〇·九%），將近三成的水準（表10—4）。同時出口構造從以前的一次產品變爲以纖維機械類等工業製品爲主，九三年在外資企業的出口商品中占九十三%。對於中國獲得外幣而言，貢獻更高。而九四年外資企業進出口合計占中國進出口總額的三七·〇%，所以，外資企業對於中國的對外貿易發揮了極大的作用。

⑤　提供就業機會創造雇用機會

外資企業九〇年雇用的從業員是三百二十萬人（其中中國爲三百一十萬人），占全國從業員總數的二·二%。到九三年時同人數爲一千萬人（其中九百五十萬人爲中國人），占中國全體的四·八%，三年來比率倍增，到九四年末期外國企業的直接投資計二十二萬件，在中國已經設立登記的外資數目爲二十萬六千家（與前年末相比約四萬家的增加），其中一半也就是十萬家以上目前在執業中。

這些外資企業，就業人數已經達到一千四百萬人（主要在中國南部包括委託加工的從業者在內，大約有二千萬人）。

表10—4　外資系企業對中國對外貿易的貢獻度

	進出口	1992年 金額（億美元）	1992年 對前年比（％）	1992年 進出口總額中所佔的比例	1993年 金額（億美元）	1993年 對前年比（％）	1993年 進出口總額中所佔的比例	1994年 金額（億美元）	1994年 對前年比（％）	1994年 進出口總額中所佔的比例
外資系企業的對外貿易與地域別進出口額	出口額	173.8	44.2	20.5	252.37	45.4	27.5	347.13	37.6	28.7
	進口額	263.8	56.0	32.7	418.33	58.6	40.2	529.34	26.6	45.8
	平均	▲90.0	–	–	▲165.96	–	–	▲182.21	–	–
	進出口合計	437.6	51.1	26.4	670.70	53.3	34.3	876.47	30.7	37.0
	(1)廣東省	247.37		14.9	341.66	38.1	17.5	452.05	32.3	19.1
	（深圳經濟特區）	69.66		4.2	80.40	15.4	4.1	102.62	27.6	4.3
	(2)上海市	33.23		2.0	58.37	75.7	3.0	76.05	30.3	3.2
	(3)福建省	44.31		2.7	60.62	36.8	3.1	72.17	19.1	3.0
	(4)江蘇省	24.87		1.5	45.82	84.2	2.3	55.68	21.5	2.4
	(5)山東省	12.40		0.7	26.55	114.1	1.4	41.21	55.3	1.7
中國整體的對外貿易	出口總額	849.40	18.1	100.0	917.63	8.0	100.0	1,210.38	31.9	100.0
	進口總額	805.85	26.3	100.0	1,039.50	29.0	100.0	1,156.93	11.2	100.0
	平均	43.55	–	–	▲121.87	–	–	53.45	–	–
	進出口總額	1,655.25	22.0	100.0	1,957.13	18.2	100.0	2,367.31	21.0	100.0

（出處）：根據中國關税總署『海關統計』1993年第12期，1994年第12期，及『海關統計年鑑』1992年上冊所作成。

⑥財政重要的收入源

從稅收面來看，外國企業的涉外稅收（關稅除外）大幅增加，八九年只不過是三十六億元，而到九三年擴大為二百零五億元，占同年全國稅收總額的四％。而外資進駐較多的地方，該稅收已經成為同地方財政的重要收入源之一。

3 外資的方向調整與選別強化

進入西元一九九〇年代之後，中國以市場經濟化的推進和對外開放更為擴大為背景，外資企業的直接投資促進了經濟成長，但相反的，導入外資也產生了一些的問題和矛盾。

一連串的問題，首先就是在沿海地區採取優惠措施，形成地域的傾斜政策，同時與中西部內陸部地域之間的發展差距擴大。第二則是外國投資過度集中於加工部門，因此，能源、交通、運輸、重要素材等的瓶頸現象更嚴重。第三是在不動產的範圍方面，大量的外資流入，造成顯著供需不均衡而使得投機行為更為旺盛。第四是增值稅的繳納問題等各種制度的變更，而引起很大的問題。第五則是廉價勞動集約型製品出口急增，導致與貿易對象國的摩擦漸趨激烈。外資導入和外匯存底急增，造成了過剩流動性，引起了通貨膨脹。如果流入一美元的外幣，就會誘發〇．九九元的貨幣供給。此外，外資企業的赤字現象也是嚴重的問題。

爲了打破這些僵局，中國政府開始調整外資導入政策。九四年三月召開全國外資工作會議，開始摸索過去十五年外資導入的經驗總括以及新的發展動向。同年十月末，爲了增強對外國企業活動的指導及積極有效的導入外資而結成「全國外資工作指導小組」（同組長　李嵐清副總理）。

在九五年三月全國人民大會上，進行政府活動報告時，李鵬總理說：「作成明確的產業政策，引導外資的投入朝既定的方向發展，讓外資的導入與產業構造及製品構成的調整、技術水準及經營管理水準提升，密切結合，提高使用的效率。」

從這時開始，不符合中國發展戰略及產業政策的外國投資，則採取一定的限制措施。爲了導入外資，公開發表新的公式指南。而國家計畫委員會預計在九五年上半期公佈「關於外國企業的投資方向指導的暫定規定」以及「外國企業投資的產業指導目錄」，其中後者的外資導入指導目錄，在關於來自外國的直接投資方面，以業種別區分爲獎勵、限制、禁止三種業種，並且列表（九五年三月十七日『日本經濟新聞』）。

獎勵業種——新種的農業、肥料、新素材、尖端電子零件、精密機器、民航機、移動型通信機器、汽車零件、基本建設、高科技產業等。

限制業種——銀行、零售業、服務業、錄音帶、黑白電視、收音機、手錶、醫藥品、不動產開發等。

禁止業種——通信事業、電力供給服務、新聞發行、放射性物質的採礦、武器生產、稀少礦物的挖掘等。

而今後外資政策的基本方針，則隨著國家產業政策的需要，要求選別具有高度技術及更大規模的投資。也可說是從以前的外資量的擴大而轉換爲將重點置於效率面來考量的質的重視。各地方和部門超過上記項目的外資不允許進駐中國，但是政策轉換眞能順利進行嗎？當然就要看地方政府如何應對了。

（小島末夫）

11 國有企業改革面臨的課題

1 國有企業爲何需要改革

(1) 應該破壞改革的對象

對於推進「改革、開放」政策的中國而言，現在最困難的問題在何處？

中國自社會主義革命以後，經過數十年，在西元一九七八年迎向重大的轉捩點。在此之前，自己建立的體制必須「破壞」，取而代之的就是要「創設」其他新的體制。在十九年之前還在領導、推進「舊體制」，而現在必須要負責指導創立新體制的，就是「中國共產黨」。而在同一組織的名下要同時破壞與創設，在這情勢當中巨大的權力構造要負責完全相反的事業。

所以，現在中國最大的困難就在於此，這也是使中國混亂的泉源。

應該破壞的對象，就是具有「中央計畫經濟」這個社會主義代名詞的經濟體制，而應新創設的則是，接近資本主義的「市場經濟」體制。「中央計畫經濟」的推進者是中國共產黨，而加以破壞、蛻變的也是中國共產黨。新舊共產黨是否眞的是同質的指導組織，的確令人感到懷疑？

有對照的二名領導者，推進中央計畫經濟，在意識形態中留下許多遺產的毛澤東，以及加以破壞、追求「利潤」，想要創設新體制的鄧小平。而這二人是奪取政權之前的領導階級的共產黨員，中國共產黨直到現在還是掌握中華人民共和國命運的權力機構。

(2)「改革、開放」政策的重擔「國有企業」

現在，對於經由「改革、開放」政策而使得市場經濟的方向明確的中國而言，最大的重擔就是在中央計畫經濟時代產生的制度、機構及組織。其代表性的存在就是「國有企業」。

「國有企業」一向是負責生產部門的國家體制的一部門。中央計畫的經濟，由中央政府所在的北京「國務院」負責仔細調查需要物資及食物的地區及其逼迫度，爲了滿足

表11—1　國有工業企業的現狀（1993年）

	全國	國有企業	比率	集團企業	比率	個人企業	比率	其他企業	比率
工業企業數（萬社）	991.16	10.47	1.1%	180.36	18.2%	797.12	80.4%	3.21	0.3%
工業生產額（兆元）	5.2691	2.2724	43.1%	2.0213	38.4%	0.4402	8.3%	0.5352	10.2%
從業員數（萬人）	6,626	4,498	67.9%	1,692	25.5%	N.A.	N.A.	436.0	6.6%

（出處）：『中國統計年鑑』1994年版。

這些需要，在國家生產部門中占有重要位置的就是「國有企業」。

因此「國有企業」本身若能完成以生產量和生產時間爲主的中央政府生產指令的話，則不需要負責自己所生產的製品應該要如何分配的責任，製造物資所需的資金和設備，以及勞動力全都按照中央政府的計畫和指令去做，因此經營責任不需要由「企業」負責。

自從「改革、開放」政策以來，同時進行「破壞」和「創設」的中國，了解其意義或者能夠加以牽引的，只有一部份的領導階層而已，這種說法決不爲過。只占國家生產部門之一角的「國有企業」負責人，大多在觀念上自己知道應該破壞些什麼，或創設些什麼？但企業活動實際面的行動卻大幅度脫離這種觀念。他們把應該「破壞」的部份視爲是「國家的一部份」，而必需要「創設」的，則認爲「是在優勝劣敗的原則中能夠獨立的能力」。

「國有企業」的負責人，在運作企業時是否能充分了解這點？

我想可能不了解。因此，如果經營失敗的話，就好像中央計畫經濟時代同樣的感覺一樣，會輕易的要求政府塡補赤字，這不是在市場經濟潮流中的企業經營者應有的姿態。而政府對於原本應該成為一體的「國有企業」，無法冷靜的加以處理。雖然口說要進行「國有企業」的獨立採算，但是對企業卻一直抱持著溫情主義（表11—1）。

「國有企業」的赤字總額非常驚人，連年達到四百～五百億元左右，占財政支出的十%左右。而雖然不會直接由國家預算塡補企業赤字，但是塡補的規模在財政支出項目上與國防費用相匹敵。「國有企業」在優勝劣敗的市場經濟中，應該實行獨立採算，成為國家財政有力收入源才對——這是促進「改革、開放」政策的中國的心願。

現在存在於中國全土的礦工業企業，達到將近一千萬家，其中負責礦工業的「國有企業」為十萬數千家，只占全礦工業的一%強而已。礦工業企業大多（約八十%）是個人企業。而集團所有制企業（複數資本經營的企業，是舊體制時代開始就認同為公有制企業）為二十%弱，其次是外資企業。

只占整體的一%強的「國有企業」，其生產額卻在全國工業中總生產額中占了四十%的比率。從業人數將近全國勞動者的七十%。如「國有企業」不能確實蛻變為提升利益的體制，則中國經濟無法發展。

「國有企業」依其資產（設備能力）、生產能力、從業人數等的不同而分為大、中、小型企業。其中能源（石油、煤、電力等）、鋼鐵等素材產業和交通運輸部門以及製品範圍內的汽車等，成爲中國經濟基礎的基幹產業，大部份是由大中型「國有企業」支撐。其數目約一萬四百家。占全「國有企業」的一成。

在此集中先進技術及熟練勞動者，大中型企業的動向對中國經濟的影響非常的大，但是大中型企業將近半數出現赤字。也就是說，這些企業所產生的能源素材、交通、運輸對目標指向高度成長的中國而言，不符所需，特別必須注意這些問題。因此，供需關係失去了平衡，成爲通貨膨脹的原因之一，就是所謂的「瓶頸」問題。

2 「國有企業」改革的變遷

以前「國有企業」，負責生產部門，只是國家的單位而已。而很早就認識了其所造成的缺點想要進行體制改革的人物，就是在西元一九七八年當時擔任四川省黨委員會書記（省的最高領導者）的趙紫陽。當然是得到來自鄧小平的授意，趙紫陽所進行的改革是小小實驗，但卻是毛澤東時代無法想像的大膽嘗試。批評爲大膽，就是因爲這個實驗已經抵觸了以往社會主義意識形態。

成爲國家一單位的「國有企業」，標準量只是一件。如果生產標準量以上的物資，獨自進行銷售，這是根本想不到的事，而趙紫陽許可四川省六個「國有企業」進行超出標準量以上的生產，而且利用企業獨特的才能進行銷售。如果毛澤東在世的話，會嚴厲批判這是「資本主義的復活」。

這種情形稱爲「國有企業」的自主權擴大，而這實驗得到極大的成功。銷售超出標準量以上的製品，結果得到的利益，應歸誰使用？是一個沒有解決的問題，但是能夠產生「利潤」而引起許多人的興趣，提高了生產的慾望。

注意到這是非常好的條件，因此在一九七八年末召開推進「改革、開放」政策的第十一屆三中全會，擴大自主權「國有企業」，在七九年以後，於全國急速增大。同年開始至八四年的幾年內，自主權擴大的實驗企業爲三千三百家，還是給標準量，但是超出標準量以外之製品的銷售利益，稱爲「預算外資金」（推進計畫經濟預算範圍外的資金），可以由企業保留，因此也稱爲企業內保留金。總之，黨和國家爲了排除對「國有企業」過剩的干涉，因此實施「工廠長責任制」（建立獨立經營者）。

這個實驗繼續擴大，已經超過了「實驗」的階段時期。到八〇年代後半期時，稱爲經營承包責任制，在全國建立制度化。預算外資金已經緊逼在國家財政規模之後，由於自主權的擴大，這個制度稱爲「政—企分離」或「放權讓利」（政府的權限賦予企業，企業本身得到利益）。

但這制度隱藏著重大的缺陷。

最大的問題點就是，國家所有企業中的資產（工廠建築物、機械設備等），雖由企業經營者觀察市場的物價供需動向來加以處分，但不能銷售的商品，不需要製造這類商品的機械，因此想要加以處分。但這是舊體制的國有資產，所以經營者不具有處分的權限，而很難確立經營權，在「產權」之名下，國有資產問題事實上在一九九五年還沒有得到根本的解決。很難解決的原因就是中國一方面希望市場經濟的深化，一方面不願放棄社會主義的原則，依然存在著堪稱社會主義根幹的公有制的想法。認爲如果將國有資產由企業——經營者任意販賣，則公有制就立刻煙消雲散。所以開頭說過的「破壞」和「創設」同時進行時會引起混亂，原因就在於此。

3 「國有企業」的股份

雖然進行大幅度改革，但是「產權」問題和先前所述企業經營者的觀念無法改變，所以企業改革無法順利進行。與經營承包責任制並行的實驗，就是「國有企業」的股份化。

在「改革、開放」政策以後，「國有企業」原則上要對國家、政府負責。這是無法改變的「構造」。總之，股東必須擁有責任，對於股東的配股以及股價的上升等，都必須要付諸努力，這對於企業活性化而言，還是有意義的事——這是北京大學教授厲以寧等人的說法，而這種說法成爲實業界的主流，開始了「國有企業」的股份化。

因此，在中國企業的股份化，最大目的不是籌措長期低利資金，而是將負責的對象從國家變爲股東。

但是最大障礙在於「公有制」和「產權」。日本國鐵變爲JR，電電公社變爲NTT的「民營化」的作法，對於標榜社會主義的中國而言，是絕對不允許的。因此「國有企業」的股份化僅限於增資部份。「國有企業」採用股份制時，將國有資產份證券化，但是不能成爲買賣的對象。國有資產份以外的增資份，可以販賣給一般的投資家，只有這一方面可以成爲流通的對象（參照「13　證券市場的現狀與問題點」）。

當然，有問題存在。一旦執著於公有制，從意識形態方面來看，流通對象股份（私有財產份）一定比國有股份（國有資產份）更小，而這種帶有限制的股份制，將經營責任的對象由國家（政府）改爲股東，但只是「國有企業」資產的一半以下進行這種變化而已。而企業股份大半掌握在政府手中，所以「國有企業」眞的能活性化嗎？令人感到懷疑。政府掌握大半的股份，股東大會選出的幹部大都是代表政府的人物，所以政府對「國有企業」的干涉依然不變。

經過「天安門事件」，到了九二年，不需要在意意識形態的「南巡講話」，傳遍全土，出現了頗耐人尋味的現象。A股、B股（參照股票市場的項目）大量增資發行「國有企業」中，國有股份與一般投資家所持的股份比率，逆轉的企業出現了（上海眞空電子零件公司）。關於這點，當時監督股份制的中國人民銀行以及中央、地方的「經濟體制改革委員會」並沒有抱怨。

到了九四年的秋天，又出現了值得注意的現象。採用增資發行的股份制形態「國有企業」中，被視爲賤股的「國有股份」在證券交易所上市（也就是私有化）的企業出現了（上海不動產國有企業「陸家嘴」）。因此，可以證明「公有制」的觀念逐漸淡薄。

預測這類「國有企業」今後還會持續增加，標榜社會主義的中國在「公有制」方面，似乎必須重新評估。「產權」的概念，雖然今後會經過些迂迴曲折的道路，但是共產黨可能已經開始了解到企業的「民營化」、股份的「私有化」，對於企業的活性化而言是必經的道路，而領導階層今後應該注意的就是，「創設」和「破壞」會動搖社會主義的根幹。

4 「大而全、小而全」的弊端

即使藉著「政—企分離」或股份制，依然有不少無法解決的「國有企業」。所謂「大而全，小而全」，就是說即使是再大的組織，也有使其「自立」的機構；再小的組織，也有使其自立的機構。一旦形成以後「工農商學兵」，就會形成了毛澤東全力建設與發展之農村「人民公社」的都市版。社會主義中國特徵就在於此。

具體而言，「國有企業」也是一個社會，除了生產設備以外，還有托兒所、幼稚園、學校（大型企業、高中）、外來者所使用的飯店（招待所）、餐廳（有時有卡拉OK、酒吧），併設理髮店。原本負責行政的部門，在「國有企業」中成爲行政部門的一環，採用承包制。對於企業活性化而言，會造成不良的影響。

在日本有「企業城下町」的說法，而在中國這類大的「國有企業」，企業本身形成了「自治體」。這類的「國有企業」，到底是以何種帳簿來管理經營？生產部門即使有利益，但利益中被學校和餐廳的赤字剝奪，或是必需要用作支付營繕費用等等。所以在中國，由於有這類帳簿存在，具有特殊的經營實體的「國有企業」的經營狀況，眞的能夠掌握住嗎？

這類企業，如果採用股份制，而資本的一部份在證券交易所上市，確實能夠實行成爲國際常識的開示制度嗎？答案應該是「NO」。「國有企業」改革的一大事業，就是併設企業，所以與學校、招待所、餐廳等分離，分割爲原本應該進行管理營業的組織或團體，這點也很重要。也就是說學校由地方政府、招待所或餐廳成爲獨立採算的企業獨立經營較好。

以往的系統是毛澤東思想的產物。鄧小平想要「創設」新事物來加以取代，但是時間稍嫌不足。而毛澤東所實行的「大而全、小而全」的意識形態，已經由鄧小平加以「破壞」了。「國有企業」基本部份的改革已經結束，期待後鄧小平時代的大改革。

（淺川あや子）

12 金融制度改革所引起的變化

1 金融制度改革的進展與資金流動的變化

八〇年代後半期開始遇到停滯度增強的世界經濟，中國在七九年以來，由於改革、開放政策，經濟特區及沿海地區在工業化的進步，持續高度成長。八〇年代的十年間，實質經濟成長率爲八·九%，九二年開始持續二位數的成長。這種急速的發展，同時引起了不動產範圍的泡沫現象等經濟過熱化的現象，面對的問題是如何促進取得平衡的經濟營運以及市場經濟化。

因此，首先要重視實態經濟與金錢的關係，也就是貨幣供給量的管理。第二則是重視物資與資金的效率分配，解決這些問題，致力於平衡的成長關鍵之一，就在於財政、金融營運基礎的調整，以及金融體制之改革的推進。

表12—1　全社會的固定資產投資的資金籌措客戶

（單位：億元）

年	資金籌措客戶				
	財政投融資	銀行融資	外資利用	自行籌措	其　他
1985	407	510	91	—	1,533
1990	387	870	278	329	583
1991	372	1,292	316	2,878	648
1992	334	2,152	457	4,024	886
1993	463	2,925	907	6,218	1,942

（出處）：『中國統計年鑑』1994年版。

一九七八年十二月十一屆三中全會（對外經濟開放與農村的改革），以及八四年十月的十二屆三中全會（企業經營與都市的改革）所提出的經濟改革，使得中國的金融體制和金融機能，在八〇年代產生極大的變化。

在金融制度面有以下的改革：

①中國人民銀行的中央銀行機能的特化以及金融控制的一元化。

②以國家專業銀行為主的金融機構的整備。

金融機能方面進行以下各點：

①在企業金融方面由無償的財政資金交付更換為附帶利息的銀行融資。

②活用利息機能，促進游離資金的吸收以及資金的有效運用。

以往中國國有企業所需要的資金是由國家財政直接支出給企業，銀行融資只不過是季節性或是對於暫時發生的超過運轉資金的供給，但是基於企業經營的活性化及財政負擔的減輕等目的，七九年以後從財政資金的交付，慢慢更換爲銀行融資。具體而言，在企業金融方面，銀行具有以下的主導作用：

①利用國有企業的固定資產投資，大、中規模者成爲人民建設銀行的融資。

②國有企業的固定資產投資，小規模者利潤的一部份保留在企業內使用，不足的部份則接受來自人民建設銀行或工商銀行的融資。

③超過周轉資金之外，一般周轉資金從八三年也更換爲銀行融資。

另外一方面，隨著改革、開放的進展，農民及都市居民的所得水準都大幅提升，購買力急速升高，個人儲蓄額顯著增加。企業儲蓄也隨著企業自主權的擴大而使得企業內部保留率提升。以上繳利潤承包爲主的經營承包制的復活。試行在八七年大幅度增加。

資金的供給及吸收兩方面銀行的作用增大，因此在中國的資金產生了變動。

具體而言：

①財政部門及企業部門的資金供給的流通變細，而銀行的分行部門及企業部門的流通變粗。

②銀行存款吸收力增強，家計部門與企業部門的關係漸趨密切。

表12—2　銀行的存款來源

（單位：億元）

存款來源	1983年	1985年	1987年	1989年	1990年	1991年	1992年	1993年
企業存款	992	2,071	3,162	3,085	3,998	4,918	6,816	7,672
財政存款	198	368	307	438	380	486	231	487
基本建設存款	300	–	–	–	–	–	–	–
機關、團體存款	378	326	449	484	615	753	687	713
都市居民存款	573	1,058	2,064	3,735	5,193	6,790	8,678	11,187
農民存款	391	450	626	716	850	1,172	1,409	1,753
其　　他	–	–	–	556	609	745	1,070	1,418
合　　計	2,762	4,273	572	9,014	11,645	14,864	18,891	23,230

（出處）：『中國統計年鑑』1993年版，1994年版。

圖12—1　中國的資金流通

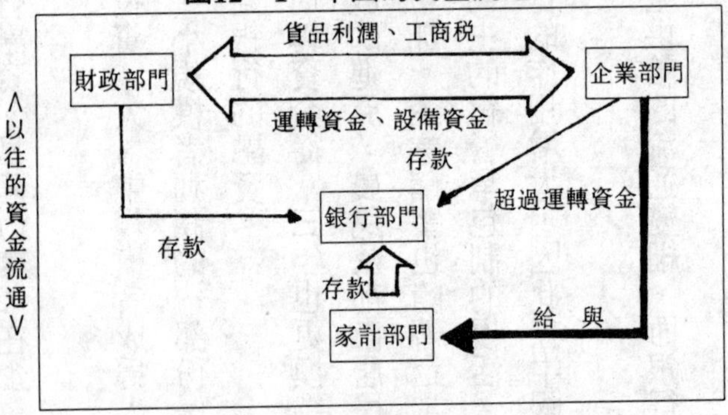

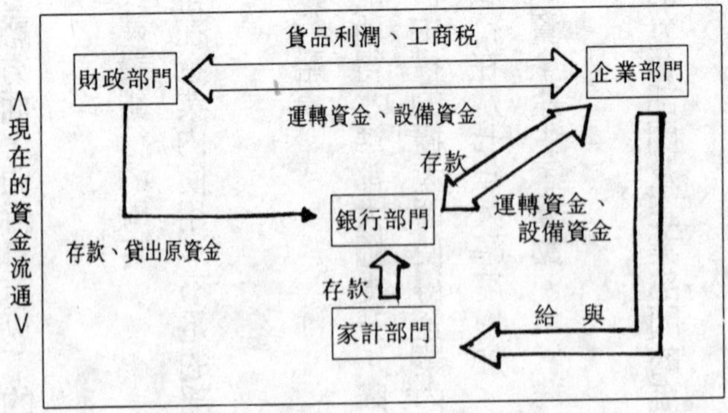

由於資金動態的變化，銀行發揮了控制企業所需的各種大量資金的融資作用，能夠有效進行資金的吸收及分配，發揮了銀行原有的機能（圖12－1）

2 金融機構的整備

改革、開放政策開始於一九七八年十二月。在中國的中國人民銀行併存中央銀行機能與商業銀行機能，因此，人民銀行的業務非常的廣泛（人民銀行具有發券、控制金融機能，爲國家機構，同時，也是進行存款、貸款、外匯等商業銀行處理的業務的經濟組織）。七八年十二月的十一屆三中全會，決定改革及對外開放政策的實施，使得金融體制漸漸產生變化。七九年與人民銀行合併的農業銀行、中國銀行分離獨立爲專業銀行，一九八四年新設工商銀行，使得人民銀行的商業銀行機能被轉移了。結果人民銀行特化爲具有中央銀行機能，進行金融政策營運的銀行。

但是以往人民銀行的金融調節手段，是以融資額的總量限制等直接金錢管理爲主，所以機動、詳細的調節機能無法充分發揮。此外，目標指向市場經濟化，政策性的資金分配和分配的效率性互相調和的體制，原本就不夠。

九三年三月的全人代中，李鵬總理說：「要加深金融體制的改革，是確立市場經濟體制的重要一環。」在談及金融體制的改革上，做出以下的指示。

①利用人民銀行的貨幣供給量和融資總量的調節，穩定貨幣價值，抑制通貨膨脹。

②具有政策性與商業性雙重機能的專業銀行轉爲商業銀行。

③設立具有政策性格的銀行，處理專門的融資業務。

④適當增加獨立採算的商業銀行。

此外，副總理鄒華家則說：「推進金融體制改革，利用金融手段強化宏觀控制。」談及利用利息、存款準備率、公定比率、公開市場操作等提升金錢管理機能。

後來在九三年十一月的十四屆三中全會中，爲了確立社會主義中市場經濟體制，中國共產黨中央委員會，對於若干問題作出了以下的決定：

⑴在國務院的指導之下，確立實施獨立貨幣政策的中央銀行的宏觀控制體系。

⑵政策金融與商業金融分離，進行商業金融活動的是國家專業銀行，確立多樣金融機構併存的金融組織體系。

⑶統一開放、維持秩序、互相競爭，並接受嚴格管理的金融體系的確立。

爲了提高中央銀行的貨幣管理機能的金融調整手段，則是從以往的貸出總量限制的直接調節手段，變成公開市場操作、存款準備率限制、中銀貸出利息限制等等一般先進國家所採用的間接調節手段。關於公開市場操作方面，準備階段則是致力於國債市場的整備及擴大。

此外，中國的金融機構與政府部門的聯繫極強，尤其國家的專業銀行，基於國家的方針進行政策金融，很難確立獨立採算基礎的商業金融。九四年實行政策性金融的金融機構，包括國家開發銀行、中國輸出入銀行、國家農業銀行等，以往的國家專業銀行走向純粹的商業銀行制度。

九四年時，設立上述三行的政策銀行，而金融體制的改革邁出了重要的一步。九五年一月金融工作會議中，人民銀行副總裁周正慶在金融工作報告上做了以下的叙述：「九四年的國有銀行的新規融資，除了農業、副業產品的購買融資之外，抑制在國家的計劃內。年間的貨幣發行比計劃更少，年間的貨幣發行量低於抑制目標。各銀行大幅度吸收存款，存款增加三七．一%，都市、農村居民的存款額為六千三百一十五億元，增加了四一．四%。金融改革方面，人民銀行的改革實質推進，貨幣信用貸出的集中管理強化，貨幣政策的手段開拓，使得金融機構的信用貸出總量與貨幣供給量正式成為宏觀管理與預測的重要指標。對於分店的監督管理漸漸規範化，金融秩序亦好轉。」

九五年周副行長的金融工作報告指出：「金融改革要加速進行，必須更爲強化整備的改革措施，發展改革成果才行。人民銀行要運用中央銀行的對銀行貸出、利息、公開市場操作等間接控制手段，使得人民幣和外匯政策充分協調，以間接控制手段爲主，設立宏觀控制體系，國有商業銀行的改革，則要更爲充實改革的內容，提升資產品質，實施貸出信用管理責任制的具體改革措施。政策性銀行對於資金的籌措運用方面要進行管理。」

一九九五年三月，公布「中華人民共和國中國人民銀行法」，明確的指出使得獨立經濟宏觀營運能夠順暢發揮機能的人民銀行的法律根據。

在中央銀行的指導下，政策性銀行、國家專業銀行等金融機構併存的金融體系就此形成。

3 中國金融體系的現狀

(1) 中央銀行

・中國人民銀行

成爲國務院中的一機構，具獨立性。一九七九年與農民金融業務分離，八四年與存款、貸款業務分離，變爲特化的中央銀行。

主要業務如下：

①關於金融機構的方針、政策、法令、制度的研究、立案及執行。

②關於貨幣發行的管理及貨幣供給量的調節。

③人民幣的存款利息、貸款利息的管理，與外匯交易的統一管理。

④國家的信用貸款計劃的完成，及信用貸款資金的集中管理。

⑤外幣準備及金錢的管理。

⑥國庫金錢收支的代行。

⑦金融機構的設置、統廢合的審查及認可。

(2) 政策性銀行

・國家開發銀行

一九九四年三月設立。以國家的財政資金、國內外的起債、借債等爲資金來源，以政府政策爲背景，主要任務爲供給經濟發展所需各種計劃的資金。具體業務全都委託中國人民建設銀行。

・中國輸出入銀行

一九九四年七月設立。實施國家的產業政策與對外貿易政策，以資本財的輸出金融爲主要任務。對於機械和計劃等資本財的輸出，提供信用、擔保，對於資本財輸入所需的外國政策借款等，進行轉貸及輸出信用保險業務等。

・中國農民發展銀行

一九九四年十一月設立。實施國家農業政策，主要任務是爲了發展農業而供給農業支援資金。

(3) **國家農業銀行**

・中國工商銀行

一九八四年一月，從中國人民銀行手中繼承與工商業企業有關的貸款、存款業務，一部分分行則進行外匯業務。

・中國農民銀行

一九七九年，從中國人民銀行農林金融管理局獨立出來，成立現任的中國農民銀行。

•中國人民建設銀行

一九五四年，爲了處理交通銀行所進行基本建設投資業務而設立。進行中、長期投資業務、政府投資的管理及提供信用業務，但隨著國家開發銀行的設立，今後將轉移爲商業基礎的中、長期融資業務。

•中國投資銀行

一九八一年從中國人民建設銀行分離、獨立出來。主要接受來自世界銀行的長期外幣融資，進行國內工業企業的貸款業務，也從事既存企業的擴張、技術改造融資。

•中國銀行

中國唯一的外匯專門銀行，一九七九年在中國人民銀行的監督下設立，八〇年成爲國家銀行。進行對外貿易及貿易外交的結算、國際匯兌、外幣存款及支付等爲主要業務。

(4)　商業銀行

•交通銀行

一九八六年以中國最初的公有性制為主，成立這個股份性金融機構。沒有特定範圍或地區限制，為全國規模的綜合銀行，以基本建設和企業改造相關金融為主。

此外，中國國際信託投資公司所屬的中信實業銀行、交通部之下的招商局系列的招商銀行、光大集團總公司系列的光大銀行、北京首都鋼鐵公司系列的華夏銀行為綜合銀行；而以地區經濟發展為主要目的的地方銀行，則為廣東發展銀行、深圳發展銀行、福建興業銀行、浦東發展銀行。

(5) 外國銀行

在上海，姑且不論新中國成立前持續營業的四家外國銀行（渣打銀行、香港上海銀行、東亞銀行、Overseas Chinese Banking Corp.）的分行，一九七九年允許外國銀行的駐在員事務所設立，從八二年開始漸漸許可分行及合併銀行等的營業電網。

經濟特區（廈門、汕頭、珠海、深圳、海南島）先允許外資銀行設立營業機構，九〇年視為浦東開發一環的上海，允許外資銀行營業機構的設置，九二年允許大連、天津、青島、南京、寧波、福州、廣州等地的外資銀行設置營業機構，而北京、瀋陽、石家莊、西安、合肥、杭州、蘇州、武漢、重慶等內陸為主的十個都市，也計劃允許外資

圖12—2　中國的金融體系

				成立年月日
中國人民銀行（中央銀行）	銀行	政策金融專門銀行	—國家開發銀行(國家重點計畫融資)	(94.3.17 成立)
			—輸出入銀行(輸出入信用、輸出保險等)	(94.7.1 成立)
			—中國農業發展銀行(農業金融)	(94.11.18 成立)
		全國級商業銀行	—中國工商銀行（都市的商工業貸款）	
			—中國農業銀行（農村貸款）	
			—中國銀行（外匯）	
			—中國人民建設銀行（中、長期投融資）——中國投資銀行	
			—交通銀行	
			—中信實業銀行	
			—中國光大銀行	
			—華夏銀行	
		地方級商業銀行	—招商銀行	
			—廣東發展銀行	
			—深圳發展銀行（唯一的上市銀行）	
			—福建興業銀行	
			—上海浦東發展銀行	
			—（海南發展銀行）	
		其他銀行	—外資系、華僑系銀行	
			—住宅儲蓄銀行	
	非銀行金融機關		—信託投資公司	
			—證券公司	
			—財務公司	
			—租賃公司	
			—農村信用合作社	
			—都市信用合作社	
			—中國人民保險公司	
			—其他的保險公司	

（出處）：東京銀行中國部資料

銀行設置。

九四年末以來，在中國設置的外國金融機構分行一〇九家、駐在員事務所三九二家、合併銀行五家，總計爲五〇七家。

(6) 非銀行金融機構

包括信託投資公司（外幣籌措窗口機構）、財務公司、租賃公司、證券公司、保險公司、農村信用合作社、都市信用合作社等。

4 金融政策手段的變化

八〇年代，中國的金融政策只進行量的限制，也就是說，人民銀行變爲接受專業銀行等的準備存款或不能充當貸款的資金，藉此控制信貸計劃整體的四～五成。專業銀行貸款實行時的資金供給、銀行間資金過與不足的調整、資金塡補等，則由人民銀行進行，控制各個銀行貸款的同時，也對貸款的範圍加以限制。

但是，今後需要利用市場構造的控制手段，因此必須強化利息、存款準備率、公訂

表12—3　中國的利息演變

存款利息　（％）

	1991年 4/21	1993年 5/15	1993年 7/11
普通存款	1.80	2.16	3.15
定期存款			
三個月	3.24	4.86	6.6
六個月	5.40	7.20	9.00
一　年	7.56	9.18	10.98
二　年	7.92	9.90	11.70
三　年	8.23	10.80	12.24
五　年	9.00	12.06	13.86
八　年	10.08	14.58	17.10

（95年1月1日爲没有變更）

貸款利息　（％）

	1991年 4/21	1993年 5/15	1993年 7/11	1994年 1/1
流動資金				
六個月以下	8.10	8.82	9.00	9.00
超過六個月	8.64	9.36	10.98	10.98
一年以下				
技術改造資金	8.46	9.18	10.98	11.70
基本建設資金				
一年以下	8.46	9.18	10.98	10.98
一年～三年	9.00	10.80	12.24	12.96
三年～五年	9.54	12.06	13.86	14.58
超過五年	9.72	12.24	14.04	14.76

比率及公開市場操作等經濟手段的運用，逐漸轉移爲間接的限制（表12—3）

關於利息方面，八八、八九年爲了應付二位數的通貨膨脹，因而提高利息，但九〇年後受到景氣刺激，利息下跌。九三年通貨膨脹率再次到達二位數，因此利息又再度提高。

關於存款準備率方面，配合景氣狀況而逐漸變更。關於公開市場操作方面，由於國內證券市場準備尚不完善，故無法發揮機能。

爲了使這些金融手段能充分發揮機能，必須整備各種金融市場，同時，金融機構必須要眞正的成爲商業化銀行。（影山廣美）

13 證券市場的現狀與問題點

[1] 證券市場的改變

中國的證券市場，在清朝時代設立經營證券業的外國公司爲交易所前身的「上海股份公所」，這就是中國證券市場的起源。中國商人所進行的證券買賣，在辛亥革命後非常盛行，一九一四年秋天，設立「上海股份商業公會」，一八年春天，在北京設立「北京證券交易所」，後來在各地陸續設立「交易所」。四十七年，設立成爲遊離資金吸收場的「上海證券交易所」。

但四九年中華人民共和國成立之後，中國的證券市場度過三十幾年的空白時代。這個期間，所有的證券交易一律停止，證券交易所關閉。

八一年之後，中國的證券市場再度打開。這一年政府爲了緩和經濟建設資金不足的

表13—1 中國證券交易所的概要

	上海證券交易所	深圳證券交易所
交易時間	星期一～五（國定假日除外） 前場： 9：30～11：00 後場：13：30～15：00	星期一～五（國定假日除外） 前場： 9：30～11：00 前場：13：40～15：40
買賣單位	A股：額面100元單位 1,000股以上100股爲單位	A股：100股爲單位 B股：2,000股單位
叫價值	股價未滿100元 叫價值：0.1元 100～200元 ：0.2元 200～300元 ：0.3元 300～400元 ：0.5元 400元以上 ：1.0元	B股： 股價未滿1港幣 叫價值：0.01港幣 1港幣以上 0.05港幣
值幅制限	92年5月21日撤廢	無
結算方式	A股：當日結算（不交付股票＝轉帳結算制度） B股：第四營業日（同上）	A股：翌日結算（不交付證券＝轉帳結算制度） B股：第四營業日（同上）

現狀，而發行國庫券（一種國債），國民必須強制購買這種國庫券，但禁止流通。此外，八二年在東京發行中國國際信託投資公司（CITIC）的私募債（一百億日幣），中國政府機構在海外市場再次展開資金籌措。

八四年七月，國營企業導入股票制度，北京天橋百貨店發行面額一百元的股票三萬股。另一方面，爲了進行國庫券的交易，八六年五月以後，瀋陽、上海、武漢、重慶、哈爾濱、北京等地陸續開設店頭市場，廣州、深圳、西安等地開設股票的店頭市場。

九〇年十二月，社會主義國最早的眞正證券交易所——上海證券交易所開業，九一年七月也開設深圳證券交易所，開始了證券市場的建設。九一年十一月，上海眞空電子零件股份有限公司，在中國首次對外國投資家發行B股票（後述）一百萬股，九二年二月在上海證券交易所上市，因此，海外投資家能對中國的股票進行投資（表13－1）。

企業的股份有限公司化，在九二年農曆正月當最高實力者鄧小平到南方視察時，發表大膽納入資本主義手法的談話爲開端，同年秋天，在第十四屆共產黨大會中，決定導入「社會主義市場經濟」，更加速了企業的股份有限公司化。

九三年七月，中國的國有企業青島啤酒在香港市場上市，得到投資家的歡迎。香港市場上市股稱爲「H股」（後述）。而當局爲了推進股票在海外市場上市，又選定「N股」在紐約股市上市，「L股」在倫敦股市上市。估計在不久的將來，也要在東京股市上市，中國的股票遍布世界的時代已經來臨。

2 證券的種類與市場的構造

中國流通的證券包括國債券、金融債券、公司債券、股票、轉換公司債券等，非常地多，而最近在深圳、上海發行了附有股份收買權的公司債務。在二十一世紀時，上海計劃成爲國際金融中心，相信處理的金融商品種類今後還會持續增加。

中國股票依所有型態的不同，可分爲國家持有股、法人持有股及社會個人股（以下簡稱爲國家股、法人股、個人股）。

雖然是以資本主義的手法取得股票，但在社會主義的體制下，原則上企業爲國有制，因此，國家股佔發行總數的一半以上最爲理想，不會轉讓到民間。法人股則是由日本法人的持股方式所得到的啓示，而想出來的方法，通常不會流通，只有國有法人間可以轉讓，轉讓時需當局的許可。

而國家股、法人股均不會在交易所上市，亦不能自由移動，可說是完全固定股。因此可進行交易者，只有個人股的部分而已。

個人股包括以人民幣購買的適合國內投資家的A股，以及用外幣（上海上市的B股用美元，深圳上市的B股用港幣）購買適合外國人投資家的B股。基本上，A股與B股具同樣的權利，但因投資家、資金的性格，交易型態的不同等，不可視其爲同一股。發行B股的企業，爲中國屈指可數的優良企業，但特徵爲規模較小。

在香港上市的H股，基本上與B股相同，H股發行企業僅限於大規模國有企業，且發行的許可標準非常嚴格。此外，紐約上市的N股、倫敦上市的L股，以及東京上市的

T股等，全爲B股的海外上市股。

中國的證券市場，是由上海、深圳的兩證券交易所，及全國各地的小規模店頭市場、北京的STAQ系統（國有企業間的交易用系統買賣市場）所構成的。證券交易所以上市企業的個人股爲主，處理國有債券及公司債券，最近也開始處理轉換公司債券及附股份收買權的公司債券。店頭市場主要爲國有債券的流通市場，而STAQ系統則負責處理法人股及國有債券。

上市交易所的選擇，基本上爲上市企業的自由選擇，但一般會選擇與自己公司距離較近的交易所。中國的證券交易所，如中部的上海、南部的深圳等位置較偏遠，北部和西部也希望能開設新的交易所。雖大都市希望開設交易所，但當局目前只利用現存的兩交易所進行營運的方針，似乎不會改變。

包括股票化、民營化等國有企業改革，是由國家計劃委員會、國家經濟體制改革委員會、財政部、人民銀行及國務院生產辦公室等五機構共同執行。爲了具體監督證券問題，從九二年十月開始設置國務院證券委員會和與其有直屬關係的證券監督管理委員會。

證券當局負責進行以下的業務：

(a)　證券委員會（主任：朱鎔基）
為國務院直屬機構，對全國證券市場進行政策的管理。
(b)　證券監督管理委員會（主席：周道炯）
在證券委員會的指導下，管理平常的證券市場。
(c)　國家計劃委員會（主任：陳錦華）
進行當成經濟改革的證券計劃的完成，管轄與其他計劃之間的調整。
(d)　國家經濟體制改革委員會（主任：李鐵映）
研究嘗試導入股票制度的實效性，進行政策的調整。
(e)　財政部（部長：劉仲黎）
管理國有債券的發行市場、流通市場。此外，也進行會計師與會計事務所的個別管理。
(f)　中國人民銀行＝中央銀行（行長：朱鎔基）
對證券公司進行審查、承認及管理。
除此之外，證券業界的自主機構包括中國證券業協會及中國國債協會等。此外，上海、深圳兩交易所各自有獨特的規定，以解決證券問題。

3 市場的動向

估計市場動向的指標，是上海證券交易所將全個別股的時價總額加重平均，再發展表股價指數。深圳也同樣發表股價指數。而表13—2、圖13—1，爲前幾年的股價指數情況。

適合外國人投資家的B股，是在九一年十一月時發行，而日本投資家能自由購買B股，則是在九四年。在日本國內營業的證券公司，對國內的個人顧客只能販賣由日本證券業協會所認定的「指定外國證券市場」上市的證券，同時指示不可對機關投資家進行積極的營業。

但上海、深圳的市場並未在其指定範圍內，因此，事實上並不可買賣B股。但對於急速成長的中國經濟關心度提高，對投資中國股票的慾望非常旺盛，因此以大型證券公司爲主的證券業協會和日本大藏省進行交涉，在九四年三月指定上海、四月指定深圳爲「指定外國證券市場」。現在只要在自宅打一通電話，即能買賣B股。

表13—2　中國股票市場的規模

		二市場合計		上海		深圳	
		A股	B股	A股	B股	A股	B股
上市股票數		287	58	169	34	118	24
時價總額	1991年	2,017	N.A.	544	N.A.	1,474	N.A.
(100萬美元)	1992年	14,628	1,049	7,781	567	6,846	482
	1993年	37,928	2,444	23,730	1,480	14,198	963
	1994年	41,596	2,067	29,372	1,380	12,225	687
股票買賣代金	1991年	801	N.A.	149	N.A.	652	N.A.
(100萬美元)	1992年	9,729	465	3,483	216	6,247	249
	1993年	41,602	1,322	27,194	1,027	14,408	295
	1994年	93,385	1,450	65,504	1,260	27,880	190

圖13—1　股價指數的波動

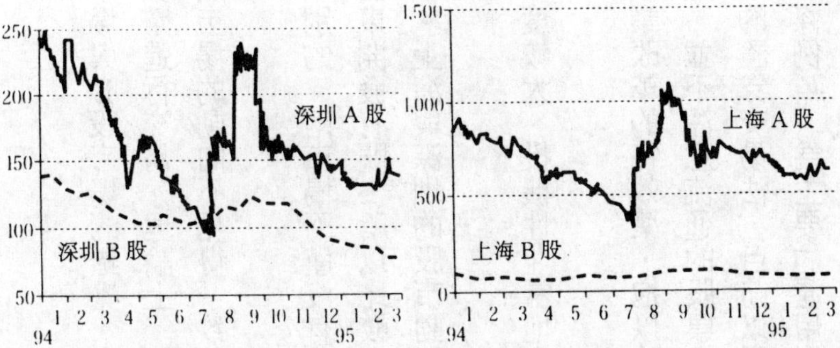

4 中國股投資的注意點

在迎向高度成長期的中國經濟當中，兩市場上市的企業，整體而言展現了好業績。這個現象今後應該還會持續下去，對股票市場當然也有極高的期待之心。

但另一方面，如法律整備等，尚有許多不熟之處，投資時仍有一些必須注意的要點，可說是風險多、獲利多的市場。

羅列投資B股的重點，包括A股市場與B股市場的錯覺。先前叙述過A股與B股是以完全不同的投資家爲對象，以不同貨幣進行交易。理論上，A股與B股具相同價値，但事實上爲一物二價。A股市場與B股市場的動向不見得一致，A股上揚，B股不見得就會上揚。

其次就是上海市場與深圳市場是個別的。兩市場不僅沒有重複的股，同時兩市場的地域性非常強。上海與國家計劃中的浦東開發有關，所以比較多按照國策型的企業；深圳則屬改革開放型，以外資系企業較多。上海與深圳的股市動態不見得相同，各位千萬不要產生錯覺。

此外，市場規模較小、價格變動幅度較大、投機性非常地高、可能因一些傳聞而操縱股價，這些都是應該注意的要點。

中國將企業的股票化，視爲國有企業改革的特效藥，抱以強烈的期待之心，但太過於注意利用發行股票來籌措資金，因此，並不注意流通的股票市場。

全人代尚未通過關於交易基本法則的證券交易法，目前以國務院總理之名，在九三年四月推出「股票發行與交易管理暫定條例」，爲主要的運用條例。而企業的股票化，在所有權、經營權等方面，與社會主義的根幹抵觸部分較多，這並非一朝一夕所能解決的問題。這些證券交易法只不過是暫定的文字，法律何時會改變亦不得而知，雖然投資家對此有不良批評，但中國的家務事我們無法了解，因此還是別再討論了吧！

當然，當局也努力想使市場現代化。九四年七月實施公司法，將股份有限公司的概念法制化。企業的會計制度與國家基準不同，無法進行企業分析，但上市企業，尤其B股發行企業，以國際基準重新換算的財務資料公開發表出來，故會計基準本身可慢慢地進行修正作業。企業情報也登記在情報網上，向全世界發信，因此，市場整備的條件正著實進行中。

鄧小平曾留下「利用資本主義的手法，好的事物一定要大膽接受，不好的事物就要停止。不需立刻停止，而是慢慢停止」的談話，基於上述談話，中國的股票制本身已進入實驗階段。而投資中國股者，必須依自己的判斷力來預測實驗結果。（山本善德）

第三部

中國產業、企業的變化

14 粗鋼生產為世界第一位

① 持續十三年的粗鋼生產量增加

一九九四年，中國的粗鋼生產量爲九一五三萬噸，僅次於日本的九九三二萬噸，爲世界第二位，與世界第三位的美國（八八九一萬噸）間，差距約二六〇萬噸。過去五年內，中國粗鋼生產量年平均增加量約六百萬噸，今後二、三年內，中國可能會超過日本，成爲世界第一的粗鋼生產國。

本節將爲各位介紹中國鋼鐵業的現狀。探討今後的課題。

一九九五年一月，在全國冶金工業會議上提出報告的中國冶金工業部長劉淇，發表九四年中國粗鋼生產量達到九一五三萬噸。與前年相比，增加一九九萬噸，九三年的對前年增加量爲八六一萬噸，九二年對前年增加量爲九九三萬噸，增加量已大幅縮小。劉

圖14—1　主要國的粗鋼生產演變

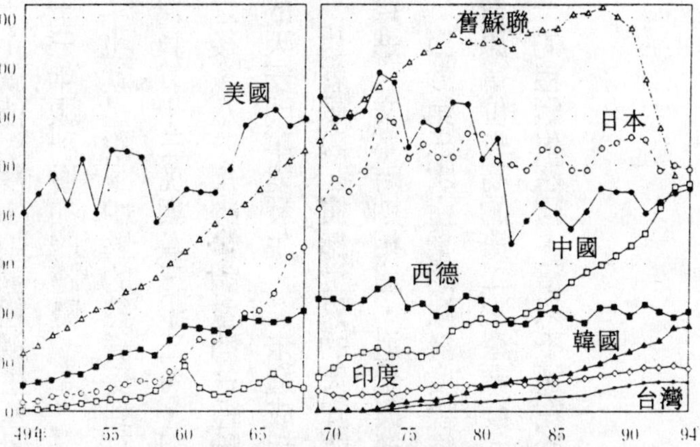

（出處）：根據『鋼鐵統計要覽』、『中國鋼鐵統計』、IISI 資料，以及『冶金報』1995年1月16日號，由筆者作成。

淇在同一報告中，叙述九四年下半期要完成減產三百萬噸的任務，若不按照總需要抑制策略來採取減產措施，則九四年粗鋼生產估計將達九四五〇萬噸。

總之，中國三年內的粗鋼生產量就增加了二〇五三萬噸，這個增加量遠超過法國一國的總生產量，規模非常龐大。

圖14－1為某些國家粗鋼生產量的演變。舊蘇聯的粗鋼生產量，從聯邦瓦解的一九八九年開始急速降低，而日本則因蘇聯瓦解，從一九九二年開始成為世界第一粗鋼生產國，但與一九七三年的顛峰時期相比，生產水準降低十八%。而美國則反應景氣恢復，在九二年後出現增產基調，但與顛峰時期相比，則低了三十五%的生產水準。

主要製鐵國的粗鋼生產陷入低迷的現象中，只有中國持續順利的生產擴大。看圖14－1就能了解，中國粗鋼生產量在一九八一年受到調整政策的影響而微減，但仍然持續十三年順利增加的趨勢。

也就是說，中國的經濟受到政治的影響程度逐漸降低。在大躍進與文革時期，前年比爲負五十三％與負三十三％，粗鋼生產量急速降低，但自一九七八年採行改革開放路線之後，八一年經濟調整期曾經驗過負四％的減產外，從八八年秋天開始，繼經濟調整後的天安門事變發生，並未造成粗鋼的減產。

也就是說，震撼世界的天安門事件，對鋼鐵的生產沒有造成任何影響，這也說明與大躍進、文革時期相比，這是與勞工關係較淡薄、影響較小的事件。

對於第三次產業的傾斜度較強，轉移爲鋼鐵寡消費型經濟的先進諸國而言，在鋼材消費原單位較高的第二次產業發展上傾注全力的中國，總有一天會超越日本，成爲世界第一的粗鋼生產國，這只不過在於時間上的早晚罷了！

圖14—2　鋼材錶面消費量演變

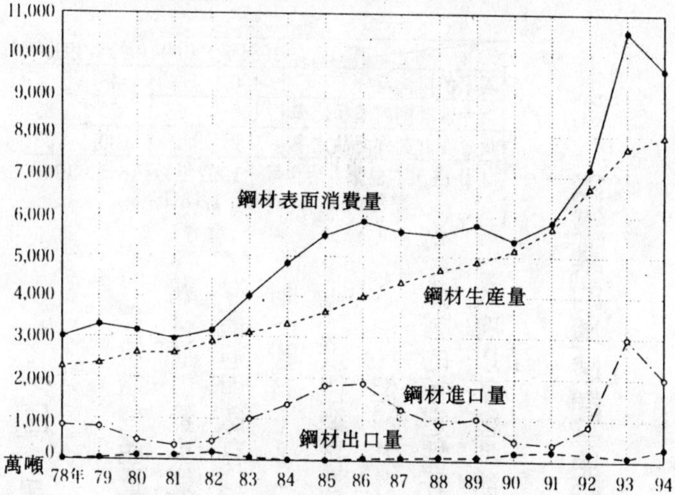

（出處）：『中國鋼鐵統計　1994年』、冶金計畫司。但是，94年資料則是根據95年1月冶金工作會議中劉淇部長報告而由筆者推測的。

圖14—3　財政赤字幅度（右刻度、棒狀圖表）與鋼材進口量

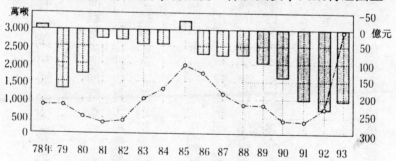

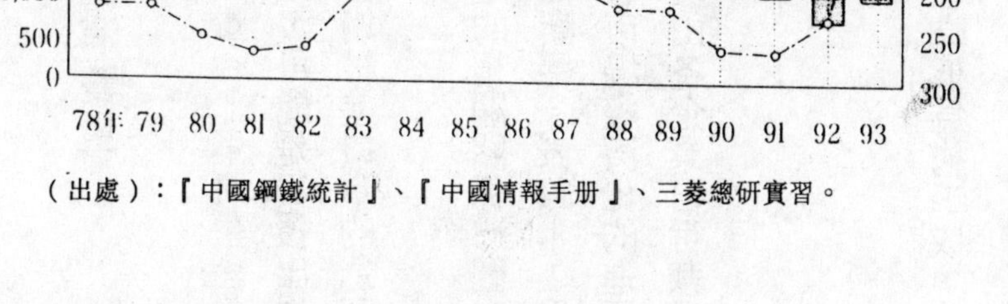

（出處）：『中國鋼鐵統計』、『中國情報手冊』、三菱總研實習。

表14—1 鋼鐵的指令性計劃外產品的急增

（%）

	1984年	1991年	1992年	1993年
國家價格決定分	100		40	4
指令性計劃内產品比率	100	85	70	20
指令性計劃外產品比率	0	15	30	80

（出處）：根據『冶金報』1992年1月16日，1993年1月6日，1993年1月8日。

2 呈階梯狀成長的鋼材表面消費量

粗鋼生產量順利成長，而鋼材表面消費量（＝鋼材生產量＋鋼材進口量－鋼材出口量）則呈階梯狀成長，可能是反覆出現庫存逼迫與庫存過剩的情形，主要原因就在於鋼材進口量的急速變動（圖14—2）。

以往鋼材進口量與財政赤字幅度具一定的相關關係（圖14—3）。但一九九三年時，這個相關關係驟然斷絕。表14—1爲鋼鐵業的指定性計劃外產品急增的狀況，隨著市場經濟化的進展，政府以某種型態控制的鋼材進口，也逐漸交由各企業自行裁量。

3 鋼鐵業的地域間差距

建國前的鋼鐵生產能力，約有九成集中在東北地方，但現在已降低爲約二成，可是

圖14—4 各地域的GDP、鋼鐵生產量、工業生產額在全國中所占比率的比較

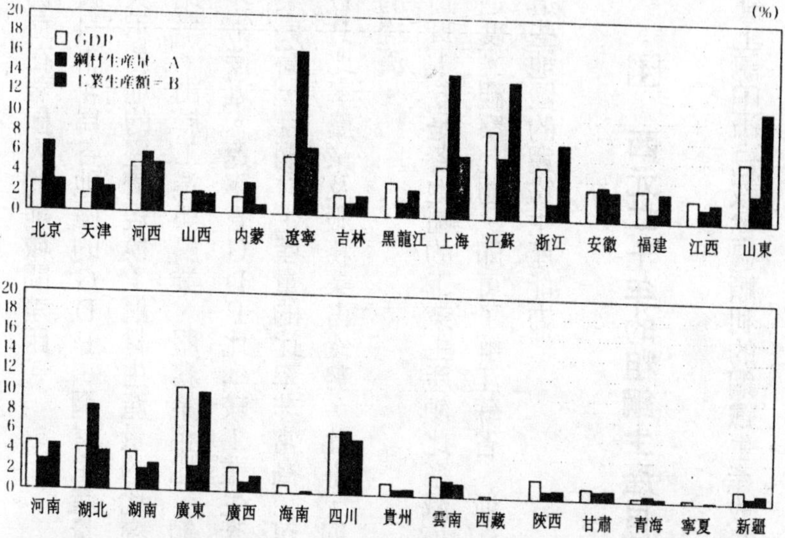

（出處）：根據『中國統計年鑑』、『中國鋼鐵工業年鑑』、『中國鋼鐵統計』作成。

圖14—5 鋼材逼迫度（＝工業生產額比率－鋼材生產量比率的＝B－A）

（單元　百分比）

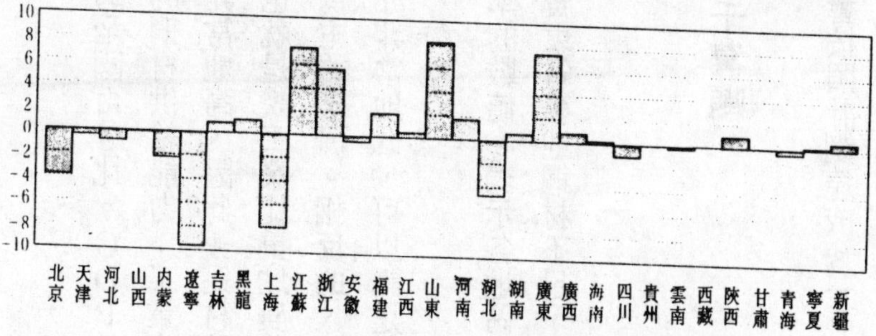

目前仍存在著極大的地域間差距。

圖14—4爲各地區的GDP、鋼材生產量、工業生產額的全國百分比。GDP的比率，表示各地的經濟規模；鋼材生產量的比率，則表示該地的鋼材供給能力；工業生產額的比率，由於工業與農業、服務業相比，鋼材使用原單位非常地高，因此與鋼材的需求量非常接近。遼寧省GDP比率較工業生產額比率爲高，也就是說工業比重比農業、服務業更高，且鋼材生產量的比率非常高，可說是以鋼鐵業爲主的經濟。相反的，廣東省GDP比率農業及服務業占優勢，此外，鋼材生產量比率亦非常地低，可以說是鋼材不足的經濟。

圖14—5是各地區的工業生產額比率減掉鋼材生產量比率的數值，表示各地區的鋼材逼迫度。觀察此圖，即可了解江蘇省、浙江省、山東省、廣東省等地鋼材不足，必須增強這些地區的鋼鐵生產能力

4 西元二千年的粗鋼生產目標達到一億二千萬噸

在上記1中已敘述過順利的鋼鐵生產成長率，不見得就會按照計劃達成。一九八五

圖14—6　2000年的粗鋼生產目標達到1億2000萬噸

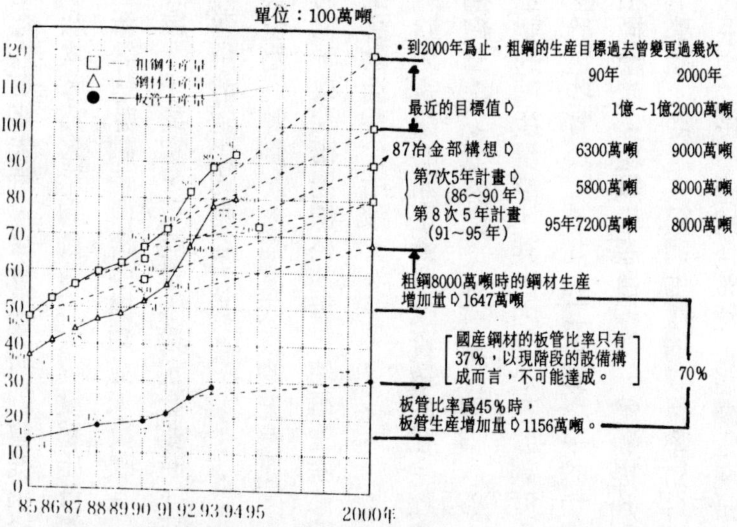

（出處）：『冶金報』及其他

年策定的第七次五年計劃中，以及一九九〇年策定的第八次五年計劃中，將二〇〇〇年的粗鋼生產目標設定在八千萬噸，是屬於非常低的水準。

而第七次五年計劃最終年度一九九〇年的粗鋼生產目標設定為五千八百萬噸，第八次五年計劃最終年度一九九五年的粗鋼生產目標設定為二百萬噸。

圖14—6為這些目標值與實績的關係圖，實績超過計劃不斷成長，也就是說，一九九〇年的實績超過七四〇〇萬噸，九五年的目標可能超過兩千萬噸。

五年計劃的目標值太過於小心謹

愼，一九八七年末時，冶金工業部就曾提出構想，希望二千年的粗鋼生產目標達到九千萬噸。八六、八七年的實績，大幅度超出計劃的數值，因此加深自信的冶金工業部，期盼能重新評估計劃。但這個構想並未反映在第八次五年計劃中，二千年的粗鋼生產目標依然訂爲八千萬噸，可能是因策定計劃時，正値一九八九年天安門事件剛發生後，因此讓當局者用消極化的處理方式。

實績超過計劃、大幅度成長的主要原因，是導入生產承包制，在設備完善的狀況下高負荷化，以及市場價格的導入使得生產慾望提高，還有從計劃經濟變成市場經濟，使得企業活動活性化所致。

對於鋼鐵業的固定資產投資額，在全社會固定資產投資額中所占比率，一九八〇年前半期約三·六%，九一、九二年約二·八%，逐漸降低，而設備投資也相對降低，故能達成上記的增產目標，其主因應是在於制度面的改革。

基於這些實績，一九九二年鄧小平的「南巡講話」及訪問首都鋼鐵公司之後，造成粗鋼積極增產，粗鋼生產目標從一億噸提升爲一億二千萬噸，最近則有人認爲可達到一億六千萬噸。從過去粗鋼生產的成長率對GDP成長率的彈性値來看，到二千年爲止，GDP平均成長率達到八%時，粗鋼生產量應該可以達到一億二千萬噸。目前策定中的第九次五年計劃，也許會設定一億二千萬左右的生產目標吧！

5 今後的課題

以上所敍述的，在量不斷擴大的中國鋼鐵業中，依然存在許多問題。

第一的課題就是設備的現代化。中國的高爐平均容積爲九十四立方公尺，與日本平均值三千立方公尺相比，規模非常的小。轉爐一次平均出鋼量約二十四噸，與日本平均值一八〇噸相比，規模亦非常小。

當然，這與中國運輸力的衰弱有關，中國即使有如日本般的大規模設備，也無法大量輸送製品，只以需要的地區爲對象，選擇小規模設備而已。但設備規模較小，無可否認的生產效率自然較低，連續鑄造比率爲四十%，與日本的九十六%相差懸殊。

第二個課題則是品種構成的高度化。中國生產鋼材的六三%都是身爲長物的條鋼、形鋼、線材等建築用鋼材，而製造需高度技術的鋼板與鋼管，只佔三十七%，大都是必須依賴進口的狀況。進口鋼材數量削減時，進口鋼材中鋼板和鋼管所占的比率躍昇至九十%，本國很難生產的鋼材，在不得不削減進口量的情況下，也不能加以削減，因其對國民經濟而言，爲不可或缺的資材。看到這個狀況，就能了解到中國「是鋼鐵大國，卻不是鋼鐵強國」。

冶金工業部希望鋼板和鋼管在國內鋼材生產中所占的比率，截至二〇〇〇年爲止能達到四十五%，不過，這幾年來都無法超過三十七%（圖14－6），若以現存的生產設備爲前提的話，想達到這個目標依然困難重重。

爲了解決以上二大課題，需要資金，此即爲第三課題。設備的現代化、品種構成的高度化皆需基本建設投資，這將是一筆龐大的資金。一九九四年，由於抑制總需求，使得鋼材市場景氣低迷，鋼鐵業的收益力大幅度降低，因此，今後將會提高導入外資的必要性。但是，由於通貨膨脹及總需求抑制策略，誕生了重新評估對中國直接投資的機運，鋼鐵業也必須將這一點視爲重要的檢討課題。

（杉本　孝）

15 具有潛力的中國機械產業

[1] 中國機械產業的概括特徵

機械電氣產業爲國民經濟的基本建設，在中國的地位極高。中國不計較質量，可說是世界上希望能得到全方位所有機械的少數國家。既然是大國，若能擁有尖端的科學技術及工業力，當然會使市場潛力相對提高。

中國的機械產業以遼寧省瀋陽市爲主，以滿洲國時代的技術遺產及新中國成立後的蘇聯援助爲基礎而發展，以上海市、瀋陽市爲主的沿海、東北地區，在毛澤東時代與外敵作戰時，爲了以防萬一，在後退一線時建設的「三線工業基地」分布全國。

日本的機械廠商基於筆者長年與中國有關，因此爲我介紹中國機械產業的實情。機械產業的業種非常廣泛，主要是以風、水力機械產業爲切口發展。

風水力機械產業——產業革命以來具悠久歷史，從鑄物技術到電子科技等，融合許多技術，在社會各角落的用途廣泛的，就是風水力機械產業。一國的產業化，最初就是風水力機械產業與GDP一起成長發展，而日本與電動機同時期的一九一〇年代開始國產化。

中國的幫浦企業有一二二二家，營業額達八十七・八億元，從業員二十六・五萬人，生產規模為六百六十三萬台。送風機企業四一七家，三十・四億元、八萬人、五十八萬台(九三年實績、『中國機械工業年鑑』、日本、九三年度幫浦三三〇萬台、二五二二億日幣、送風機四十四萬台、六五一億日幣。

2 中國機械工廠的景象

中國機械工廠為專心致力於業種的專業工廠型態，以大規模為核心，中小工廠、零件場為成員結成企業團體。

雖然鄉鎮、私營企業急速成長，但中國機械工業的主角仍然是國有企業。

一九九〇年以前的國有企業，與其說是利益集團，還不如說是以工廠的生產活動為主的共同體。相當於社長的廠長，也是附屬幼稚園或學校的校長、醫院的院長。在生產面上，工廠並非「企業」，而眞的是「工廠（生產現場）」，掌握製品開發、原材料的籌措權、生產銷售權、人事計劃權、投資決定權等所有行政。

不論是中國的任何一家工廠都有類似的印象。正門是水泥製的門柱和屋頂，而門柱上掛有表示工廠名稱的看板。進入工廠後，與生產規模相比的空地非常廣泛。例如H省C市的幫浦工廠，年間營業額爲一億元，但工廠占地面積三十六萬平方公尺；而日本E社同種類的H工廠，營業額三百億日幣，面積卻僅有九．五平方公尺。建築物與建築物間種植樹木，如歐美的工廠般形成空間。辦公大樓不似日本爲高大建築物，而分爲個個的小房間，幾個人共用一間辦公室，與歐美事務所相同。

在中國，管理者與技術者走出個人工作室，來到工廠和現場生產者商量的光景很少出現。此外，市場需要把握部門的營業與設計、設計與技術開發的密切溝通缺乏，整體而言，只缺一體感。

工廠的建築物分爲幼稚園、學校、醫院、公司住宅等非生產用建築物與工廠建築物。工廠建築物包括鑄造工廠、木型工廠、製罐工廠、機械加工、零件、拼裝等工廠、試驗場、材料試驗室（物理、化學的試驗）等。這些的牆壁都會張貼標語，其所說的內容都不同，八〇年代前半期是「建設社會主義」的政治內容，再漸漸地改變爲「品質第一，提升效率」等經濟的標語。

(1) 機械加工工廠等的作業文化

到八五年爲止，一台旋盤由五人負責，實際作業者只有一、二人，其他人都在抽菸和閒聊，可說是屬於過剩配屬的情形，若是認眞工作者，反而會被同事責難。「省力化」投資等無法輕易進行，雖然推出人員再配置等的策略，但還是不夠。重點軍需工廠則另當別論，工業機械大都老朽化，全國平均經過年數已達二十年以上，進口物的最尖端機械，也只擺一台當裝飾，幾乎不使用。品質管理方面，政府先行呼籲，但工廠內樣品大都擺在地上。

這個情形讓我認爲此國並不具高科技的文化。

而日本如果到這類的工廠調查時，其技術指導員也無法作出品質保證。

(2) 與他人互助合作的想法淡薄

「若無法得到個人的回饋，當然會精神鬱悶，也缺乏作業情緒」是世界共通的，但在中國則更為顯著。長久以來所謂平等與生產評價的數量主義，使得衆人對品質改善的關心度較低。

今日雖然進行個人的業績查定制度，即使對自己的利害敏感，但對周邊發生之事毫不關心的習性絲毫未變，如薪資等若與他人之間有差距時，會嚴厲責問其理由，但對工廠內堆積如山的零件或垃圾，卻視若無睹。

這種行動模式的分析必須繼續進行下去。這一點台灣也是相同的，雖然我有這種感覺，但台灣的經營者的對於這種習性，則會配合營業額與成果而給予獎勵。

3 欠缺自主設計能力的狀態到製品開發

中國的工廠以往並無製品開發的機能，而是由公立的研究所或大學代替各企業進行研究開發。這個構造僅止於溝通，而負責開發者無法掌握消費者的需要，所以非常落後，製品的種類並未增加。

機種選擇的多樣化只達日本的十分之一而已。中央官廳對各機械的機種都發行「機械產品目錄」的大部分標準規格製品書籍，以幫浦而言，詳述全機種口徑別系列，使得購買者與生產者的交易規範化(爲了推動計劃經濟,物資的種類雖然不多,可是製品的新陳代謝較少,也許是較方便的做法吧!)。

大運河淮陰市近郊的皀河幫浦工廠,陳列六十台標準口徑六百釐米左右的幫浦,令人驚訝。因爲一般是只要聚集數台大型幫浦,就能達到省能源、省空間的效果(後來只使用二台)。

據說訂購時,同一機種的非標準品等若基於顧客的要求,可修正、展開原設計,此爲一般常識,但中國工廠的設計陣容,卻認爲這並非自己的責任。「爲什麼要進行這樣的設計呢?」不了解基本的概念,不具有技術上參數(parameter)的人,無法配合容量及工程進行自由的應用設計。而製造部方面,也不具有只要交給他一張圖面,就能進行非定型品加工的水準。

中國的幫浦工廠中,幾乎看不到實驗水槽,甚至許多工廠都沒有小的完成品實驗場。實驗在當地確認。工廠只負責按照圖面完成尺寸,而性能則由負責開發的部門負責。

最近,只得到一點點政府預算的公立研究所及大學、廠商,盛行給予商業目的委託研究金的行動。而工廠本身持續配屬原本人數過少的大學畢業之技術者,充實設計能力與獨自的技術開發力的先進廠商，如瀋陽S送風機工廠也增加了。

將企業的技術成果當成「定型新產品」，加以鑑定、登記的技術認證制度更為圓滑化，專利法在八五年四月生效。工業規格等的國家標準、機械工業部標準等，基本上預定在二千年採用國際標準、國際先進標準。

4 零件產業的培養，鄉鎮企業的伸展

並未培養零件專門工廠的中國，必須在公司內部製造零件，少量零件的內製會降低經營效率。最近以沿海地區為主的零件產業網路，以汽車零件工業為先鋒而逐漸形成，與都市的專門工廠並列的鄉鎮企業，發揮如日本中小企業般的作用，零件採用購買方式的機械廠增加了。

中國的機械產業由國有企業負責，但以小規模企業產業為主的鄉鎮企業不斷發展。藉著有效率的經營（有能力的經營者、完全的人事權、高度的勞動意念、適時的投資、正確的市場判斷）及架構自己開始的營業網，使得資金困難、技術低迷的現象反彈，出現急速成長的企業。當然，與外資攜手合作而抬頭的例子亦不在少數。

5 機械的基礎：鑄物的品質

機械材料的支柱是鑄鐵素材等鑄物。尺寸精度良好，能形成鑄肌光滑的鑄物，可使幫浦的運轉效果提升。想製造良好的鑄物，就需要品質好的鑄鐵素材、焦炭、砂、技術純熟的工人及最低限度的設備投資，而中國不論任何一項都欠缺。不鏽鋼和鋼的鑄造需電氣溶解，但耗損大量電力的作業受到限制，必須在夜間進行。由於汽車工業的刺激而進步的定型的、量產型的鑄物則另當別論，總之，大都不能當成商品來適用此類的製造法，因此，這些機械的性能不佳。

中國的使用者要求嚴格品質的事業（例如石油化學、發電工廠）、幫浦等機械類，基本上是進口的，而合併飯店的機械類大都為進口品。由於不注重品質而在意價格的客戶較多（例如工事用或農業用、出口到開發中國家），因此不論在國內或海外的銷路都非常廣泛。

鑄造業加工度較低，而且無法與零細企業在價格上競爭，因此利益較低，故削減了合理化投資、先進鑄造法的設備投資慾望。願意向現代鑄造技術挑戰的企業很少，但其中也存在一些較爲耀眼的工廠。如與日本的工作機械公司攜手合作的DI廠鑄造部門，在經營管理上用心，且使用進口設備，故能將品質精良的鑄物進口到日本。

製作木型是鑄造的前提，在中國並無品質方面的問題，而日本很久以前便向中國訂購，這是需熟練的典型勞動集約作業，爲中國的強力支撐之一，熟練工並不多，因此一旦處理不當，恐怕會有陷入瓶頸的危機。

中國鑄造工業本身在一九九一年的年間，生產量爲一千零七十五萬噸，縣級以上的工廠數爲一萬零五百家工廠，從業人數爲一百二十五萬人。

鑄物爲典型的三K職場，先進國家的後繼者很少，今後依賴中國的程度將會增加，而我們在技術轉移上會不遺餘力地加以協助。本質上，中國自青銅器鑄物時代以來，就是具高超技術的民族，雖然中國最近也有討厭三K的傾向，但過剩勞動力長期持續下去，鑄物產業的發展也將隨經濟成長而持續下去。

6 眞正營業員的出現

在社會主義計劃生產的時代，顧客和廠商在觀光地一年舉行一～二次的「訂貨會」，這是最大的營業活動，而行政主辦的一年一次的計劃會議，由上層決定各工廠的年間年產量，做好的製品由生產的工廠交給使用者。這可說是在物資不足經濟下的「規定賣多少」的系統。

從一九八五年開始，與計劃經濟並行的自由交易，使得工廠可經由自主判斷而開始購買原材料及進行販賣，這就是「市場」的發生。販賣力影響業績，也就是說，雙重經濟體制的混合狀態已然出現，因此，市場部分凌駕於計劃部分之上。

基本上，在計劃經濟時代接觸密切的客戶，到了市場經濟的今日，成爲各個企業的營業地盤。所以市場應對迅速與不迅速的工廠間的差距顯著，工廠具競爭力的拿手製品，客戶們都一清二楚。經營幹部的力量、地位會對營業力造成極大的影響，像東北Ｌ省Ｓ幫浦工廠，爲計劃經濟時代幫浦產業的最大代表企業，其市場占有率卻逐漸低迷。而Ｈ省Ｃ幫浦工廠的營業部門，以前營業業務管理只有五人，後來和購買的五人一起成立供銷科，現在已增加爲五十人，在全國都有分店，且還會繼續增員。廣東省Ｆ幫浦工廠與豪州廠技術合作，以礦山排水幫浦爲主，同公司進行ＯＥＭ輸出等，自由經營政策非常成功，諸如此類的例子很多。另一方面，由於還殘留官僚構造，因此銷售競爭激烈，訂購客戶的決定不明朗化，這種情形逐漸嚴重的例子也不少，有待解決。

7 外國企業的進駐

進入八〇年代後，希望吸收資金、先進技術，而開始促進外資進駐政策。當地企業要解決經營弱點、技術、資金的問題，以幫浦廠而言，日本多種類的機種圖面、技術資料有如寶山。

但在產業機械方面，外國的進駐較少。其理由爲國內市場不透明，再加上品質水準達成的問題、零件產業不發達，關於提供技術方面，不具加以評價的習慣等，其中最嚴重的就是中國的政策不穩定，才會導致這種局面。

製品系回型進出及勞動定型的裝配型、量產線型的進出較容易，而產業機械的進駐方面，除了投資超出某種規模以上金額的障礙外，還有以下必須解決的大課題。

產業機械大多是多品種少量生產或一品料理生產，包括營業在內業務的全部過程，受到職工本身主體的慾望或創意性、業務責任感、忠誠心的影響極大，故除非是名實方面都和當地緊密結合的優良經營管理的優良企業才能辦到。當然，若能得到有力的專利等技術差距作爲長期的武器還可以，不過，如果要使「綜合的」優勢性、經驗工學的優勢性成爲當地企業再現的話，則必須克服「人」「文化」等前提的差距。

此外，產業機械訂購量的變動極大，當主要的工作減少時，從業員如何維持生活也是一大難題。

8 技術追趕狀態

清楚地看見先進國的目標，採取持續追趕的戰略，這個「幸福的」時代是今日中國機械工業的時代。周恩來技術輸入的四原則「一爲使用、二爲批判、三爲改造、四爲獨創」，而現在則從消化、吸收、傳播的階段到改造開始的時期。來自外國企業、海外留學生、海外服務經驗者的技術影響非常地寶貴。

自主技術開發的成功是否能形成強勁的勢力，在二〇一〇年後將會是實際面臨的問題。在『中國科學技術白皮書』中敘述「由於機械、電機產業的技術強化，到二〇〇〇年時，主要製品的五％會達到世界先進國家的水準」「同樣的，到二〇二〇年時，主要製品的二十％達到世界先進水準」。

機械工學是自產業革命以來古色蒼然的技術，不過理論與實踐並不一致，必須配合當場需要，適當的補正、妥協，經驗工學性格極強。目前爲止有許多生產力，使得先進國的公司仍然受到信賴。

幫浦技術成熟發展的限界已經到來。一般而言，兩吸入渦輪幫浦的動力效率，最好的給予九十二%的標誌，即使日本也沒有技術更爲提升的資源分配的魅力。

能伸展所有形態的中國製幫浦，只要日本價格的五分之一就能買到，除了對危險性、效率要求的情況必須採用進口品外，只要國產製品即已足夠，若能改良現狀時，也可能流入日本市場。

另一方面，從科學技術發展史來看，機械科學技術始終能敏銳、貪婪地吸取其他領域科學技術的新成果，成爲廣泛的技術而發展出來。電子技術、情報處理技術等的融合、複合，對現在的機械而言，仍在開拓階段。

先進國家進行流體機械開發的電腦活用，使用於設計的CAD的普及已經結束，目前「解析系統」實用化，關於幫浦設計案方面，能進行性能預測模擬，且只需輸入要求性能，就可以對話方式得到設計案的時代逐漸到來。關於旋轉機械的振動噪音的控制亦非常進步，這些都是經由累積的實驗、實機製作的經驗而建立起來的，在運用方面，可藉由蓄積的技術情報彌補，這種方式值得注意。

技術者的電腦不足、缺乏試作實驗費的中國，大學教育正常化、教育頭腦豐富，所以今日是只要用紙和鉛筆就進行討論的階段，流體力學的水準相當高，也具複製進口品，進行系列展開的才幹。相信中國技術者的電腦普及率會在十年內不斷進步，中國在這方面進步得很快。

中國的河川水位，在夏天會有十～二十公尺的差距，由河川取水的幫浦設計，當然在整年內都能發揮效率最爲理想，而電腦解析對於解決這個問題也有所貢獻。

風水力機械與電子技術的複合化非常進步，半導體電力素子能輕易實驗馬達的可變速轉動，如安裝工業用小型電腦的機械裝置和流域管理系統，就是這一類的技術運用。此外，當成機械要素技術，適合高級旋轉機械利用磁石反彈力的磁氣軸受也實現了。磁氣軸受採用電氣計裝的設計，在中國非常普遍。

原子爐循環水幫浦的耐高溫，及必須承受黃河泥沙幫浦的耐耗損等，材料爲基礎的技術。此外，高速、超高壓、高眞空、腐蝕等的材料技術及加工技術、材料組織等品質問題，還有半導體的製造技術的基礎工業力，中國依然非常落後。

機械產業與軍需產業不同，若整體的工業力不高的話，則不具眞正的實力，也許要花二十年以上的時間，才能提升綜合力吧！

（松本和夫）

16 電子產業的動向與展望

1 東亞的龐大市場

(1) 具有魅力的市場規模

中國是輸出生產基地，而且也是具有將來成爲龐大市場魅力的地區。以中國爲核心的東亞，持續受到外資的強力影響，在世界經濟上成爲經濟發展地區，尤其中國的發展與日本經濟的動向有密切關係，此外，也許與美國電子工業的發展有關。

(2) 生產動向

中國的電子工業總生產額，從一九九一年開始連續超出三十%的高成長率，一九九二年突破一千億元大關，一九八七～一九九三年的六年內，急速擴大約三倍的規模。一九九三年電子工業的總生產額的前年比增加二十四·二％，達到一千三百五十億元（日本電子機械工業會調查團）。

中國將電子工業視爲「促進產業構造現代化的主導產業」而加以重視，一九九五年設定短期目標，使總生產額突破二千億元。

一九九二年電子工業範圍別生產構成，以「放送、TV」占半數，一般零件、材料約十五％，電子管、半導體十二％弱，電計算機、通信機器相關產物一成弱。隨著基本建設的完善，而期待能產生高成長率的通信，在一九九二年時爲四％弱的構成比。

(3) 進出口動向

中國一九九四年的電子工業出口額爲一五六·六億美元，前年比增加四五·一％，占全出口額的十二·九％。而進口額前年比增加三一·四％，爲一九〇·八億美元，電子工業的貿易收支呈現赤字，電子零件大幅度呈現赤字，在中國機器生產的增加及國產零件的質量兩方面的調配非常困難，此爲呈現赤字的背景。

今後外資系電子機器廠商進駐中國，若國內零件調配體制尙未完善，恐怕這個景象將更爲擴大。

2 民生用、產業用都擴大

(1) 民生用電子機器的動向與展望

中國從單純量的擴大階段，加上伴隨質的提升的量的擴大（代表製品爲彩色電視機、冰箱、洗衣機）逐漸出現新的需要範圍。

一九八〇年代電子工業的領導者，是電視、錄音帶、錄音機、冰箱、洗衣機，到了一九八〇年代末期，因警戒經濟過熱而採取景氣緊縮政策，故需暫時冷卻。但到了一九九一年秋天，緊縮政策宣布結束後，便需要再度提升。一九八〇年代的神器是「彩色電視、冰箱、洗衣機、錄音帶、錄音機」，而一九九〇年代受人歡迎的商品，則是「VTR、微波爐、冷氣」，今後彩色電視等既存商品農村部的普及，和VTR等新商品在都市部的普及，預料將會同時進行，一九九〇年代依然會持續成長。

根據中國電子工業局一九九五年的發展目標，顯示彩色電視的市場需要量爲一千一百五十萬台，預定出口四百萬台，錄影機市場需求為三百萬台，裝配能力為三百五十萬台，零件生產能力為二百萬台。

今後中國的民生用電子機器市場會出現：①由於新商品投入都市部而喚起需要，替代以往商品的需要擴大，②農村部由於基本建設完善（電子供給等）而使需求擴大，③製品品質及生產技術力的提升，使得競爭力擴大，尤其輸出的擴大掌握了關鍵所在。

(2) 產業用電子機器的動向與展望

民生用電子機器從八〇年代起，由於需要急速擴大，因此投入很多設施和技術者急速發展，但產業用電子機器內部需要急速擴大的電腦通信機器等，其開發、生產、設計等非常落後，電子工業部管轄企業的生產額（九二年）所占比例只有二十％，非常的低，有待今後急速的發展。

以個人電腦為例，市場規模九三年為四十五萬台、九四年為七十五萬台、九五年為一百萬台。九四年度的市場占有率，袖珍型為二十萬台，ＡＳＴ（美國）二十萬台，過半數為進口的美國製品、半製品，而中國大型公司有十六萬台。

目前由於硬體技術進步，外國製品進入中國，關於軟體方面，則採用接受委託生產或與外資合作的方式，致力於技術的高度化，期盼能藉此打開活路，這是中國目前所採取的方針。一般而言電子產業皆是如此，尤其在這個範圍內，藉著與外資間建立良好關係，提升高度化的技術，致力於產業的近代化。

此外，中國電子工業局一九九五年的發展目標，大、中型電腦國內需要量爲二千台，占國內生產的四分之一。個人電腦、數據電話交換機都是藉著與外資合併企業生產，希望能滿足國內的市場需求，尤其關於交換機方面，並未進口完成機。

3 中國電子工業的地域展開

①、中國各省市電子工業的生產額，一九九一與一九九二年（表16－1）在上位的十省市中，占全國總生產額八十％以上，其中廣東與江蘇二省就將近生產了四十％。

②、以產業別來看各省市的生產額，一九九一年的情形（表16－2）最上位的廣東省與江蘇省電子產業非常發達，上海市發展特徵爲電視與映像管、半導體、零件、材料；北京市則是電腦和映像管、通信機器；福建省是電視與通信機器、零件、材料；四川省是電視與雷達、計測器；陝西省是映像管；浙江省爲零件、材料；天津市爲電腦；

表16－1　中國電子工業總生產額前10名省市

	1991年		1992年		對前年比
	生產額	佔有率	生產額	佔有率	
1.廣東省	181.3億元	(20.5%)	238.6億元	(22.0%)	31.6%增
2.江蘇省	140.1	(15.8)	181.8	(16.7)	29.8
3.上海市	79.4	(9.0)	84.2	(7.7)	6.0
4.北京市	53.9	(6.1)	69.0	(6.3)	28.0
5.福建省	50.4	(5.7)	62.6	(5.3)	24.2
6.四川省	49.2	(5.6)	62.8	(5.8)	27.6
7.陝西省	45.8	(5.2)	49.1	(4.5)	7.2
8.浙江省	41.5	(4.7)	51.9	(4.8)	25.1
9.天津市	36.9	(4.2)	43.0	(4.0)	16.5
10.山東省	33.5	(3.8)	42.5	(3.9)	26.9
前10名合計	712.0	(80.3)	885.5	(81.5)	24.4
總生產額	886.3		1,086.8		22.2

（出處）：『中國機械電子工業年鑑』（92年版，93年版）。

表16—2　中國電子工業、產業別/省市總生產額

（單位：億日幣）

	放送、TV	電腦	通信	雷達	電子管	半導體	零件、材料	計測器、設備	其他
1.廣東省	96.8	15.54	10.34		6.0	4.1	28.0	0.9	15.5
2.江蘇省	76.8	2.93	2.91	1.13	5.8	8.7	25.1	2.2	12.5
3.上海市	46.3				12.0	3.2	9.5	0.9	
4.北京市		6.97	2.54		13.9				
5.福建省	28.1		3.44				8.3		
6.四川省	27.6			1.22				1.3	6.6
7.陝西省				0.49	17.9			0.7	
8.浙江省							13.3		
9.天津市		2.52							
10.山東省		7.18	2.25			2.6			
11.遼寧省				0.47		2.0			
12.河北省									6.5
13.湖北省				0.46					
14.安徽省									
15.河南省									6.5
全國總額	440.8	52.01	33.00	5.63	71.0	31.0	137.5	11.2	104.2

（出處）：『中國機械電子工業年鑑』（92年版）

表16—3 中國・改革開放的據點（經濟開放區、開放都市及其他）

7經濟特區	5經濟特區	14沿海開放都市	14計畫單列都市	經濟體制綜合改革試點都市	內陸開放都市
(1)東北經濟區域			（黑龍江）哈爾濱	（黑龍江）牡丹江、齊齊哈爾、佳木斯、雞西	
			（吉林）長春	（吉林）四平、吉林	
		（遼寧）大連▲	（遼寧）瀋陽▲、大連▲	（遼寧）瀋陽▲、大連▲、丹東、宮口、撫順、	
(2)華北經濟區域				北京	
				（內蒙古）呼和浩特■、包頭	（內蒙古）呼和浩特■
		（河北）天津、秦皇島		（河北）石家莊■、唐山、邯鄲	（河北）石家莊■
		（山東）青島▲、煙台	（山東）青島▲	（山東）青島▲、濟南、濰坊	
(3)華東經濟區域		（江蘇）連雲港			
		上海、南通	（江蘇）南京★	（江蘇）南京★、常州	
		（浙江）寧波◎、溫州	（浙江）寧波◎	（浙江）杭州、湖州	
(4)華南經濟區域	海南省				
	(福建)廈門◎	（福建）福州	（福建）廈門◎	（福建）泉州、廈門	
	(廣東)深圳◎		（廣東）深圳◎		
	珠海				
	（廣東）汕頭	（廣東）廣州◎、湛江	（廣東）廣州◎	（廣東）佛山、江門	
(5)華中經濟區域			（湖北）武漢	（山西）太原	（山西）太原
				（河南）鄭州■、開封、漯河、安陽	（河南）鄭州■
				（安徽）合肥、蚌埠	（安徽）蕪湖、合肥
				（江西）南昌■、景德鎮、萍鄉、九江■	（江西）南昌■、九江■
				（湖北）武漢■、沙市、襄樊	（湖北）武漢■
				（湖南）長沙■、衡陽	（湖南）長沙■、岳陽
(6)西北經濟區域			（陝西）西安■	（陝西）寶雞	（陝西）西安■
				（甘肅）蘭州■、天水	（甘肅）蘭州■
				（青海）西寧■	（青海）西寧■
				（寧夏）銀川■	（寧夏）銀川■
				（新疆）烏魯木齊	（新疆）烏魯木齊
(7)西南經濟區域		（廣西）北海		（廣西）南寧■、柳州	（廣西）南寧★
			（四川）重慶▲、成都	（四川）重慶▲、德陽、自貢、樂山、攀枝花	（四川）重慶▲、成都
				（貴州）貴陽■、遵義、都勻	（貴州）貴陽■
				（雲南）昆明■、大理	（雲南）昆明■

＿：國務院指定(下線)
▲：重指定
◎：重指定
★：重指定
■：重指定

（出處）：矢吹晋著「圖說中國的經濟」，中日經濟協會編「中國經濟資料手册1993年9月」，日本國際貿易促進協會編「中日貿易必攜，「訪中代表團報告書1994年12月」。

山東省爲電腦與通信機器、半導體，同時江蘇省的半導體與陝西省映像管的生產，都是與外資互助合作非常顯著的例子，而且成果也反映在生產額上。因此，北京市、天津市半導體的生產額，及天津市通信機器的生產額大幅度成長。

③、一九九一年時，「放送、TV相關產業」總生產額大致占五%，居於上位的五省市生產六十二·五%。電視帶動電子工業的總生產額，這就是中國電子產業的姿態，當然，與外資合作非常盛行，相信今後通信機器、半導體等，也會迅速提高市場占有率。

④、整理中國改革開放的據點如表16—3所示，看表即可得知，除華南經濟區域外，據點都市的重點在大連、青島、重慶，其次是瀋陽、南京、寧波與西安等其他內陸都市。觀察這些地區的國策與電子工業的發展狀況的關係（表16—1、表16—2、表16—3），今後必須注意的就是山東省與四川省，二者皆爲致力於改革開放的地區，而且在電子工業方面發展快速。

尤其青島可說是華北經濟區域、山東半島經濟開放區的冠軍，値得注意。重慶在西南經濟區域中，尤其是長江沿岸內陸經濟的核心，具較爲完善的發展基礎條件。今後藉由與外資的互助合作，致力於品質的提升，尤其値得期待的是材料方面技術的蓄積，而能成為上海腹地並發展的浙江省，對外資而言是值得注意的地區。

4 課題與展望

(1) 課題

①、整體而言，形成大幅度設備過剩的狀況，由於舊式設備造成少量高成本體質的企業較多。

②、政府有關當局的市場經濟指向雖高，但以國有企業為主，無法掌握市場動向。擴大生產量的追求，庫存增加，但無法遏止生產等的情況出現，依然無法脫離社會主義計劃經濟時代的生產至上主義。

③、為了強化中國製電子機器的競爭力，品質高的零件、材料的國產化是不可或缺的。此外，由於不履行契約、運輸不完善導致交貨問題、及原材料不足導致供給不足以及價格上升等問題出現，所以，培養零件廠成為當務之急。

(2) 展望

在家電方面，量產態勢雖然已經從零件階段開始確立了，但電子零件用的材料很難維持高品質穩定量產的期望。以價格的方向而言，藉著與外資合作，培養國內零件產業品質能夠漸趨穩定。

與外資合作提供低薪資勞動力的國際承包企業，希望能夠更爲發展一向蓄積的技術力。而希望與外資合作的企業則必須按照國策獲得外幣，利用其技術力、效率性，學習國產化的技術，這樣對於中國電子工業將來的發展才能有所貢獻。

在各範圍、各地方雖然情況各有不同，但是，目前生產活動以技術面來考量，水準較低，所以，一定要並行發展到高度的範圍，持續依賴與外資的關係，致力於電子工業的發展。

（深井弘雄）

17 最後的巨大市場，中國汽車產業的將來

1 巨大市場的實態

現在地球上大約存在六億多輛的汽車，年間生產量為五千萬輛弱，概要如表17－1所示。

保有狀況在北美、ＥＵ、日本等先進地區為百分之七十，其次是ＣＩＳ（二七五〇萬輛）、巴西（一三二〇萬輛）、墨西哥（一〇三九萬輛）、澳洲（九九五萬輛），佔全世界的百分之八十。

生產方面，三極獨佔構造逐漸開始瓦解，九〇年為八二．五六％，九一年為八一．八二％，九二年為八〇．八七％，九三年為七六．六五％。日本與ＥＵ呈現下降線，而北美在巨大交易市場上重新奪回寶座，這是最近的特徵。以時代而言，迎向第四汽車大

表17—1　世界的汽車市場

（單位：輛數；1000輛，相當於輛數的人口；人，人口；100萬人）

	保有輛數與相當於輛數的人口		生　產　輛　數				人　口	
	1992年末		1990年	1991年	1992年	1993年	1991年	1992年
北美	206,708	1.36	11,707	10,698	11,678	13,105	279	282
E U	152,936	2.07	15,010	14,496	14,716	12,149	316	317
日本	63,262	1.96	13,487	13,245	12,499	11,227	124	124
中國	6,988	170.00	509	709	1,080	1,310	1,171	1,188
其他	186,121	17.94	7,986	7,834	8,120	9,673	3,340	3,339
合計	609,027	8.58	48,699	46,982	48,093	47,464	5,230	5,250

（註）：1993年時中國汽車生產量爲世界第11位。
（出處）：由自工會資料及其他製成。

國的就是中國。

中國本身到底具有何種巨大市場的資格呢?假設，如果條件全都和日本相同的話，光是人口比例來看爲十倍，也就是說，與現在世界保有量同樣的爲六億輛。這數字單就資源面來考慮的話，是不可能達到的數字。但是，至少到二十一世紀中葉爲止，可以實現保有一億輛，年產量一千萬輛的數字。

雖然目前預測中國在這一方面會超越日本的人很少，但是，看戰後日本發展的經緯（一九五〇年汽車生產量三・一萬、六〇年代七五・九萬、七〇年五三〇萬、八〇年一一〇〇萬、九〇年一三四八萬輛），所以，認爲中國不可能辦到，這個想法是錯誤的。

而支撐汽車產業發展力量，當然包括技術、資金等經濟力以及國土與人口在內。我認爲可以導入技術和資金，而經濟力也可以借助人智創造出來，所以，中國在不久的

表17—2 保有輛數與構成比比較

	中國（單位：萬輛）				日本（單位：萬輛）			
	總　計	載客車	載貨車	其他	總計	自用車	卡車	其他
1980年	178(100)	35(20)	130(73)	13(7)	3,786(100)	2,389(63)	1,318(35)	79(2)
1985年	321(100)	79(25)	233(69)	19(6)	4,516(100)	2,807(61)	1,714(37)	95(2)
1990年	551(100)	162(29)	358(65)	31(6)	5,770(100)	3,517(61)	2,132(37)	121(2)
1992年	692(100)	226(33)	441(64)	25(3)	6,166(100)	3,921(64)	2,113(34)	132(2)

（註）：中國方面：根據『中國統計年鑑』，92年的其他車輛減少乃是由於統計基準變更所致。

日本方面：日本汽車工業會資料，自用車包括巴士在內。

表17—3 中國將來生產預測

（單位：萬輛）

	總　計	自用車	巴　士	貨　車	卡　車
1993年	131(100)	32(24)	25(19)	5(4)	69(53)
2000年	314(100)	130(42)	44(14)	20(6)	120(38)
2010年	556(100)	250(45)	66(12)	40(7)	200(36)
2020年	722(100)	350(48)	87(12)	50(7)	235(33)
2030年	900(100)	500(55)	90(10)	60(7)	250(28)

（註）：作者作成。

將來應該會有這一天到來。而其徵兆就是在改革、開放政策開始以後十五年來，著實發展的事實。

2 中國汽車產業的特色

第一個特色就是，與日美歐比較時，自用車比例非常的低。

當然，以環境完全不同的兩個國家，用同樣的基準來比較是很困難的。預測中國隨著經濟發展，自用車比例將會增大，但是，如果要像日、美、歐一樣，生產比例達到百分之六十的話，至少也要到西元二〇三〇年以後。而對將來的預測如下：

談到中國汽車產業問題時，大家都會注意到自用車的問題，但是，我認爲目前的重點應該擺在卡車與巴士的生產上。

現在，中國再度回到民衆不滿爆發的混亂狀態中，體制方面，認爲必須實現經濟發展才能消除不滿，因此，展開「急切的戰爭」。但是，支撐經濟發展之物流問題的解決，是重要的條件；基本設備完善以及負責運輸工作的卡車、巴士的生產爲當務之急。因此，自用車構想只不過是一個理想而已。

目前應該儘速培養汽車產業方面的零件工業。沒有經濟發展，當然也不會使得自用車的需要爆增，不過，那是下一代的問題了。

第二個特色就是零件的內製率（公司內製造比率……概算，中國百分之七十、日本百分之三十五、美國百分之二十五、歐洲百分之三十），與日、美、歐比較時，非常的高。內製率較高，意味著，並不是獨立成長的零件工業，想要籌措大量品質畫一的零件是很困難的。想要解決這個問題，與計畫經濟的根幹有關，因此非常的困難。

中國政府當然希望能夠利用進駐中國生產自用車的外國勢力，導入相關零件技術而培養優良的零件工業。

3 現狀與展望

一九五四年，中國汽車產業在東北部長春市，得到蘇聯的支援決定最初的生產工廠建設，後來，幾經政治的波濤，擁有與美、日、歐完全不同的發展經緯，而現在一部分的巨大企業與一百家以上的弱小拼裝企業、兩千家以上的弱小零件企業雜陳。因此，爲了符合自由化時代的需要，應該要儘早做整理統合，努力成立幾個組合集團以及支撐這些集團，具有國際競爭力的零件企業集團。

現狀概括可以說，有兩個國有企業集團（解放、東風集團）、四個大都市企業集團（北京、天津、上海、廣州）、一個與軍事方面有密切關係的國有大型車企業集團、兩個由軍需產業所構成的民活化企業集團等九個集團。

這些集團各自保有巨大的行政權限和既得權限。今後將會以這些集團爲主，展開熾烈的生存遊戲。同時，在競爭過程中，爲了保護既得權，各種的政治力會發生作用。因此，要產生新的企業或集團的可能性非常的小。

這些集團到底會如何發展呢？

第一集團：國有企業系統的解放、東風集團，從普通卡車到自用車爲止，邁向生產全車種的綜合汽車企業之路。解放集團以黃河以北和西北部，東風集團以黃河以南的華東、華南地區爲基礎，地區內企業陸續納入傘下，擴大勢力，預測將會形成中國的兩大集團。

其動向之一就是，最近解放集團取得金杯汽車股份百分之五十一，而確保了小型卡車的生產據點。同樣的，東風集團在附近地區與最大型企業南京汽車互相攜手合作，到時中國則會挾著黃河形成南北汽車戰爭的激烈競爭。

第二集團：大都市系統的北京、天津、上海、廣州市集團，各自擁有市政府的強力支援，而目標指向具有特色的汽車產業。

北京市生產4W的自用車以及小型卡車、天津市則是大衆自用車及輕型卡車、上海市爲眞正的自用車，而廣州市則是自用車爲主。運用這些特色，將該地企業收入傘下，預測將會不斷的成長。像上海市由於自用車的生產，可能會超越解放、東風而成爲中國最大的勢力，確保自用車的領先寶座。

第三集團：這個集團是負責製造軍事車輛以及負責物流、人流大型車輛的集團。以濟南汽車爲核心，由四川、內蒙古及其他散居的軍事相關企業所構成，尤其可以應付由於高速公路網整備而新誕生的龐大需要。

第四集團：這個集團原本不是汽車企業，而是存在於西北地區的軍需產業的民活化集團。因此，其力量未知點還很多。而目前，從生產輕、小型自用車開始，今後到底會成爲何種汽車產業，還留下不透明的一面。

大致可以了解中國長期戰略概要如下：

⑴、從行政權限和保護既得權限的觀點來看，既存企業集團化，建立發展基礎。
⑵、即使讓外國企業生產引擎，但是，也不允許最終製品的製造販賣。
⑶、外國企業的進駐與技術的導入，只不過是用來進行零件工業的整理統合與培養罷了。

因此，目前日本的一部分企業對於九六年以後的新規加入的問題，如果按照以前的方式來進行，非常的困難。所以，正確的判斷中國的意圖，十分重要。

4 中國汽車產業的將來展望

(1) 中國面對的問題

一九九四年七月，發表新汽車產業政策，中國政府將汽車視爲經濟發展的牽引車。但是，發展的路上尙有阻礙存在，主要有以下五點：

一、生產規模過小的問題：在集約化過程中，一百二十家弱小企業，必須要捨棄過半數。問題在於如何解決與地方政府之間的利害問題。

二、技術落後問題：以自力更生爲主軸，並行加入外國的合併或互助，希望能夠早期解決問題。但是，最大的引擎生產問題，現在還沒有解決。尤其，支持經濟發展的卡車幾乎完全沒有高速耐久性的引擎，所以，問題非常嚴重。

三、設備近代化問題：希望能夠代替國內新製品或者是利用合併公司的出資份，由海外導入來加以改善。但是，資金不足的問題，沒有辦法儘早解決。

近代化必要資金的推測，到二〇一〇年爲止，如果要生產五百萬輛的話，則必須要二百五十億美元的資金，如何籌措資金是重大的問題。

四、專業零件企業培養問題：集團內支援與外國企業的合併，可以解決這個問題，不過，時機較少，因爲不允許拼裝合併，只允許零件合併的緣故。

五、管理者、技術者、技能勞動者不足的問題：這是需要時間解決的問題，但是，這些都是經濟競爭開始時，能夠生存的必要條件，所以，一定要認眞的考慮這些問題。

(2) 積極的協助才能使日本獲得利益

中國汽車產業想要創造巨大市場時，日本按照以往的經驗，必須積極的展現正確的協助姿態才行。在鄰國，排名世界第二的市場即將誕生的現在，因爲市場枯竭而感到煩惱的業界，到底還躊躇些什麼呢？如果按照過去的基準，任性的判斷，社會主義中國不可能產生巨大的市場，則對於日本的將來而言，會留下極大的禍根。

現在最重要的就是要捨棄自己的價値觀，了解對方的立場，不要只執著於自己公司品牌的製造販賣，要配合市場的需要，共同來製造製品。以中國的立場來考慮的話，加以協助的事項有幾項，例如，與中國合併生產能夠搭載在中國車輛上的優秀引擎以及重要零件。就好像家電業界不販賣自家的電視映像管，而全力傾注在映像管的製造上，銷售到中國全土一樣。此外，現在日本很多具有優秀技術的成熟者，以官民一體組織起來，幫助中國，將來一定會得到有益的結果。

中國到二十一世紀中葉，一定能達成保有一億輛生產一千萬輛體制的理想。到時候，製品大多數依賴歐美技術，甚至大舉湧到日本的事態如果發生的話，影響眞是深不可測。很明顯的會留下很大的「負的遺產」。

業界應該認眞的以長期的觀點來探討日本的將來，絕對不要採取拘泥於目前的利益的消極應對方式，一定要以積極的態度面對這一切。（渡邊眞純）

18 陷入能源苦鬥的中國

1 成爲能源大國的中國

中國僅次於美國，蘇聯是世界第三位的能源大國。九三年一次能源消費爲十一億一七六八萬噸（標準炭換算），而以石油來換算的話爲七億三千萬噸的規模，爲日本的四億五千萬噸的一·六倍（表18－1爲九二年的比較）。

中國是資源豐富的國家，但人口也很多。能源可說是「總量豐富，以個人來計算是世界平均值的一半」，這才是眞正的姿態。

從九六年開始的五年計畫期的GNP成長率，計畫爲百分之八到九，但是，與GNP成長率相比，能源需要的增加（能源消費彈性值）爲〇·五倍，一年的努力目標需要維持在百分之四到五左右。儘管如此，每年標準炭換算的話，需要增產五千萬噸；到了

表18—1　一次能源消費量（石油換算）

（92年）

國名	全國	每人
中國	710百萬噸	0.61噸
日本	451百萬噸	3.64噸
美國	1,984百萬噸	7.78噸

（出處）：『能源經濟統計要覽』

表18—2　一次能源消費構成

（92年）

	煤	石油(原油)	天然氣	核能	水力	其他
中國	1,141百萬噸 75.7%	135百萬噸 17.5%	159億立米 1.9%	0	1,324億 kWh 4.9%	
日本	116百萬噸 16.1	271百萬噸 58.2	570億立米 10.6	2,230億 kWh 10.0	896億 kWh 3.8	1.3
美國	832百萬噸 23.0%	753百萬噸 40.8%	4,783億立米 24.5%	6,560億 kWh 8.0%	2,749億 kWh 3.4%	0.3

（出處）：『能源經濟統計要覽』

二〇〇〇年時，標準炭換算的話，需要供給十四·六到十五億噸的能源。

能源消費彈性值從九〇年代以後，來自上級的命令是，必須保持在〇·五到〇·四五左右。與工業化初期不同，高加工度產業及服務業成長，如果能夠努力省能源的話，應該能夠達到這個數值。

中國一向是能源自給自足的國家。

世界第一位的煤生產國，原炭生產量爲十二億一千萬噸（九四年），佔世界的百分之三十二。中國能源消費構造，在世界上也非常特殊。如表18—2所示，煤最多，爲百分之七十五，石油目前爲百分之十七，比較少。天然氣也很少。

今後也許長期由煤擔任主角的構造，不

會產生變化。到了二〇〇〇年時，應該是百分之七十二，到二〇一〇年時，達到百分之六十四的構成比（中國能源研究所）。

2 良質能源

最近在中國經常聽到「良質能源」的說法。

石油和天然氣「流體能源」等的需要量增加。而二次能源電氣，原本就「缺少百分之二十」。隨著經濟成長，需要量顯著增加，這個增加比GNP成長率的比率更小。也就是說，電力消費彈性值原來計畫不超過一·〇〇，但是，是否眞的達到這個限度呢？

一九九三年，關於石油方面，中國便成純進口國，這一年，中國輸出原油一九四三萬噸、石油製品四五六萬噸，而輸入原油一五六五萬噸、石油製品一七五四萬噸，所以，中國石油供需的動向，今後將會成爲世界注意的焦點。

中國的石油消費量，最近七年來，年平均成長了六百萬噸。國內供給，到二〇〇〇年時，會缺少三千萬噸，二〇一〇年時，缺少一億噸，甚至有的意見指出會超過這些數值。

被視爲無石油資源國的中國，在五九年，發現了大慶油田等。九四年時，達到一億四千七百萬噸的生產量，但是，一直維持踏步的狀態。

燃燒方面，使用煤，而石油、天然氣則使用於能發揮其優良特性的輸送機器、石油化學等各方面，沒有辦法隨心所欲的使用國產能源。賺取的外幣，必須在國際能源市場進行合理的利用，而且還須進口能源。

〔資金問題〕

最重要的就是資金問題。水壩、火力發電廠、石油探採、新礦坑等，需要龐大資金的計劃，令人驚訝。外資、民間、地方所有的管道，都用來進行資金的籌措。九〇年代的發電設備的投資，外資就佔了三分之一。

〔環境問題、省能源〕

中國的能源有效利用率，據說爲百分之三十，比日本的百分之五十七低了很多。水壩較多，體質的經濟成長對於內外造成的影響，令人擔心。

既然是煤大國，當然也無法逃避大氣污染等的宿命。必須要認眞的提升淨化環境等的技術。

表18—3　煤與石油的確認可採埋藏量

國名	煤確認可採埋藏量	石油確認可採埋藏量
中國	1,145億噸，世界佔有率11.0%　第3位 年産11.1億噸，可採年數103年	33億噸，世界佔有率2.4%　第10位 年産1.45億噸，可採年數23年
日本	8.4億噸，世界佔有率0.09% 年産760萬噸，可採年數111年	0.08億噸，世界佔有率0%　×位 年産84萬噸，可採年數9年
美國	2,405億噸，世界佔有率23.1%　第2位 年産9.05億噸，可採年數265年	41億噸，世界佔有率2.4%　第9位 年産4.4億噸，可採年數10年

（出處）：『能源經濟統計要覽』生產額爲92年數值。

3　以煤爲主的國家

煤，佔中國一次能源消費的百分之七十五。所以，可以說是「以煤爲主」的國家。

估計埋藏量爲九五四三億噸，而基於經濟的觀點，可以採掘的埋藏量爲一一四五億噸（世界能源會議），非常的龐大，僅次於舊蘇聯、美國，爲世界第三位。

可採年數，如表18—3所示，爲一〇三年；石油可採年數，爲二十三年。也就是說，是富於增產餘力的穩定資源。九四年實績，煤十二億一千萬噸，計畫在二〇〇〇時，增產爲十五億噸。

用途別煤消費量構成，如火力發電用，在一九九〇年佔百分之二十九，今後還會持續增加。

(1) 煤的分布與輸送管理

煤埋藏的地理分布不均勻，在北方（華北、西北、東北地方）保有埋藏量佔百分之八十四，尤其三西能源基地（山西省、內蒙古西部、陝西省），儲藏了百分之六十四。北部的煤運到南部，西部的煤運到東部，也就是「北煤南運、西煤東運」，是一大問題。

煤輸送的百分之六十七是由鐵路來負責。鐵路呈現擁擠的狀態，因為，鐵路的貨物輸送量，煤就佔據了百分之四十。

通往東部的煤專用幹線的代表等於大秦線（山西省大同~河北省秦皇島港），為七十二輛編成，一年具有一億噸的輸送力；此外，還有通往華中、華南的鐵路、海運連絡輸送方式的主要管道。

在礦坑的坑口使用電氣，利用電線將電力輸送到都市，也就是「變輸煤為輸電」，非常進步。山元發電就是將不適合長途輸送的低品位炭，利用其可以燃燒的有利性來進行發電。

(2) 中國煤的經濟條件——低生產效率

在日本消費的煤的硫黃成分佔百分之〇·六～一，而中國的煤平均爲百分之一·三五，發電煤平均爲百分之一·二四(九二年)。中國的煤，大半都是以原炭流通，因爲設備不足、水資源不足的緣故。適合露天挖掘的埋藏量並不多，只不過百分之七。

澳洲的煤直接生產勞動者，個人的生產效率與美國等相同，非常的高。個人一年爲七八二五噸(『煤年鑑』)。澳洲在九三年末，全國只有二七三八一名煤炭從業員。但一九九二年，生產了一億八千萬噸的煤。中國有七五八萬人，而生產了十一億一千四百五十五萬噸的煤，每年每人生產了一百五十噸。

根據『中國煤工業年鑑』的記錄，九二年末的煤礦從業員，國有煤礦四百一十三萬人、地方煤礦一百三十八萬人、鄉鎮煤礦二百零七萬人(九一年値)，總計七百五十八萬人。根據習慣，從業員的三分之一除外，當成分母。假設三分之二除外的話，則每人每年爲二百九十四噸的生產性，爲澳洲的二六·六分之一。同年鑑，也表示個人的出煤效率。國有重點煤礦，九二年爲每年每天一·三三噸/工。一年內，如果出勤二百七十天的話，則一年內爲三百六十噸/人。是澳洲的二一·七分之一的生產性。

最近，高生產性的特大型煤礦出現了。平朔煤工業公司安太堡露天煤礦（年產一千五百萬噸）、陝西省神府煤田、內蒙古東勝煤田等世界超大型煤礦。既存條件最好的是煙州礦物局（從業員合計六萬八千九百七十一人）。調查此處實際工作人員的生產性，出煤效率爲（1148萬噸÷14898人＝）七百七十噸／人，年間生產量（根據JATEC調查）已經達到澳洲十分之一的水準。

(3) 小型的鄉鎮煤礦與國有的特大型煤礦

煤礦經營的性格可以區分爲國有煤礦、地方國有煤礦、鄉鎮煤礦。而其煤生產的比率，到九二年爲四三比十八比三九。國有煤礦長期爲增產的主力，而其比率在二〇二〇年估計可達到百分之六十五。國有煤礦包括大型露天煤礦在內，在特大型煤礦的開發上多作努力，同時致力於民間企業化等的經營革新，持續成爲基幹企業，而鄉鎮煤礦也能夠持續發揮機能，培養出有力企業。

鄉鎮煤礦主要是末端行政組織「鄉」「鎮」的農民組織的煤礦，如雨後春筍般不斷地增加。有八萬處、二〇七萬從業員。七八年爲九千七百萬噸、九三年爲四·七億噸（比例百分之四一·二）。十五年內持續增加，佔全國年間生產量的四分之三。當然，機動增產的功績很大，但有四處沒有許可證，是非法營業。此外，越過採煤境界線，甚至亂挖國有煤礦，災害死亡率爲一百萬噸八・五人，是國有的六・七倍，生產性〇・九噸／人、日，與國有的一・三三相比，低了很多。從九四年開始，制定「鄉鎮煤礦管理條例」等法律的規定。但是，由於對當地政府的稅收有大幅的貢獻，而且能夠吸收農村勞動力，配合近鄰需要，進行輸送，能減輕負荷。目前仍然是有許多魅力的存在。

4 石油、天然氣、石化工業

九三年石油生產額爲一億四千三百八十萬噸，比前年增加了百分之二・一。中國的原油確認可採埋藏量爲三十二億六千四百萬噸，估計確認可採埋藏量爲一百五十億噸（世界能源會議）。

被視爲石油無資源國的中國，從六〇年代開始，由於大慶油田、勝利油田、遼河油田的東部地區三大油田登場，從一九七八年開始，躍升爲一億噸的產油國，持續二千萬噸～三千萬噸／年的輸出，對於巨額的外幣獲得，貢獻頗多。不過，近年來維持穩定狀態，目前仍在努力利用油田復甦技術等，處理老朽化的問題，持續穩定增產。

大慶出油的含水率爲百分之八十，已經過了最盛期，不過，在九四年時爲五千六百萬噸，躍居首位。到二〇〇〇年爲止，年產量可以持續維持在五千萬噸以上。

三大油田佔全國生產的百分之七十，東部油田全部佔了百分之九十，到了二〇〇〇年爲止，努力保持在一·二五億噸左右。而將來重點地區西部地區油田的積極開發，仍然持續進行當中。

採取「穩定東部、發展西部」的方針。西部的重點是，新疆的維吾爾自治區的三大盆地。九二年時，計畫爲八七四萬噸，二〇〇〇年時，計畫爲二千五百萬噸。目前探查僅止於百分之十以下，必須利用國際投標的方式，使得探礦開發積極化。

天然氣的探查僅止於一部分而已，生產不大。

塔里木盆地——估計原始的埋藏量爲全國的四分之一，也就是一百八十億～二百億噸。將來在中國中，可能是最重要的生產基地，不過，探查資料較少。嚴格的自然環境以及基本設備不完善、運輸上的限制，而油層挖到四千公尺時所需要的成本非常龐大等都是問題。

渤海灣海上油田、珠江口海上油田等，九四年原油生產量六四七萬噸、天然氣四億立方公尺，只達百分之四的程度而已，目前期待天然氣的生產量增大。

中國的石油精製、化學工業為原油加工能力三億～三．五億噸，設備仍然在持續擴大、更新當中，而石油流通體制的改革也在推進中。

中國的石油開發與日本等，互相組合，進行第三國資源開發的構想也已經出現了。

5 需要急增的電力

「突然停電較多，強制計劃停電」，相信很多進出企業都有很多這樣的經驗。尤其，人口十二億的中國，如表18－4所示，原本需要較低的地區，需要也開始急增了。

中國目前推薦計劃是「大力發展火力發電，積極發展水力發電，核能發電採行適當比重，利用立地條件、藉著多種類的能源，進行電源開發，同時努力形成電力網」。

「電氣化率」最高在九二年達到百分之二三．六，朝著先進國家（日本百分之三十八）的方向接近（IEA資料）。這是一次能源中，所佔的發電用消費的比率，隨著經濟成長，生活將會提升。

表18—4　每人發電電力量

（92年）

國名	總發電電力量	每人
中國	7,589億 kWh	644kWh
日本	8,952億 kWh	8,194kWh
美國	31,069億 kWh	12,184kWh

(出處)：『海外電氣事業統計』。

(1) 成長期日本的一倍的建設

九四年發電設備爲一億九千二百萬KW弱，年間發電量達到九千二百億KWh。二〇〇〇年末時，發電設備至少會達到三億KW，年間發電量計劃爲一兆四千億KWh。這意味著，利用發電能力使得年間一千八百萬KW的發電設備每年都要設立。九五～九七年年間一千五百萬KW，九八～二〇〇〇年年間二千萬KW的建設是可以期待出現的。爲日本約擴大期的二倍建設，主要還是煤火力發電。並行既存的低效率發電設備三千三百萬KW，必須更新爲高效率的大型發電設備才行。而電力設備投資需要龐大的資金。

(2) 水力

中國的電源構成（表18－5）是以煤火力爲主，但是，可以開發的包藏水力豐富，百分之六七・八集中在西南地區。目前其中的百分之十一・八，也就是四〇六八萬KW（九二年）已經開發出來了。水力比火力需要更龐大的建設資金。

三峽發電廠發電量一八二〇萬ＫＷ，在二〇〇九年要完成；這是這個國家計畫增設量一年分的規模。年間發電八四七億ＫＷｈ，相當於四千萬噸煤的發電量。

(3) 核能發電廠

中國總括秦山核能發電廠、大亞灣核能發電廠的營運經驗，磨練自己的技術、管理方式，確立迎向二十一世紀，核能發展的基礎，加速沿海地方核能不足等建設。但是，在品質和安全性上，希望能愼重考慮。

浙江省秦山核能發電廠有加壓水型核子爐三十萬ＫＷ一座。九四年四月進行商業運轉，這是接受來自法國技術協助的中國獨自設計建設完成的。二期計劃則要建設六十萬ＫＷ的標準型機二座。

大亞灣核能發電廠擁有法國伏拉馬特姆公司製的九十萬ＫＷ二座，年間發電量一百億ＫＷ，爲香港的百分之三十。大陸的廣東核電投資有限公司，百分之七十的共同出資公司擁有這些發電廠。此外，遼寧省的核能發電廠已經決定要建設，而在大慶還計劃要建設熱供給事業用的低溫核子爐的模型設備。

表18—5　中國的電源構成

	火力	水力	原子力
中　國（94）	82.7	16.4	0.9
日　本（93）	60.7	11.6	27.5其他0.2

（出處）：『電氣事業統計』、『北京週報』。

6 民生、爐灶用柴

民生用能源，由於家電製品的普及、都市化而急增。都市家庭的燃料以天然氣比成型煤礦、練煤、塊煤更受喜愛。包括煤的氣化在內，到了二〇〇〇年時，計畫在都市能夠普及到兩億人家中。

一・二億的農村人口，電氣並沒有完全普及，到二〇〇〇年時，希望百分之九十五的農村人口都能夠通電。小的水力發電已經達到三百七十億KWh（九一年）。在農村除了消耗標準炭換算二億七千五百萬噸的商品能源之外，還會消耗掉柴火和稻草等非商品能源，以標準炭來換算的話，爲二億六千三百萬噸（九〇年）。相信今後還會持續一段很長的時間，在農村以柴火爲主要的燃料之一。

7 因市場構造而變動的能源價格

社會主義國採取的是無法再生產的公定制的低價格政策。在中國能源部門，缺乏新礦開發、技術改造的能力，供給不足而持續「政策赤字」的狀態。九四年，能源價格自由化，使得煤炭公司、石油公司變成具有收益力的企業，同時納稅額也增加了。當然，這也成為通貨膨脹要因，而且，削減了需要家的利益。

電費的修訂，目前正在著手進行當中。和發電公司購買電氣的送配電網，由政府直系的五大電力網等公司掌握，具有行政色彩。

為什麼社會主義國採取低價格政策呢？關於這一點，因為認為天然資源原本就應該無價，資源產品應該是低價格的。除了這些觀念以外，再加上稅收重點置於工業加工製品上，所以，原料、材料低價格。而赤字方面，則由政府進行財政援助，這些習性造成了低價格政策。此外，「礦業權」的所有權由國家法律規定，但是，並沒有決定所有的代表者。因此，持續「國家的東西，並不是任何人的東西」的狀態，不論是富礦或貧礦，都無法形成「礦業權」成本化的構造，因此，也造成了極大的影響。

結果，不花錢進行確認可採埋藏量的探查試挖，而只是增加採油量，產生了「埋藏量與採掘量比率的惡化」的情形。現在，終於到了能夠克服的時代了。

能源產業不管在任何國家的政府，都有進行政策指導的產業部門，這一點對於日本以及今後的中國而言，也是共通的。

（村瀨　廣）

19 宇宙產業的現狀與戰略

1 宇宙開發的課題與國際法

一九九四年秋天，據說，總額達到十億美元的巴西的資源探查衛星升空，在美國的來塞爾公司以及法國的押卡提爾公司激烈競爭之後，由美國來塞爾公司成功地獲得訂單，而其背後則有美國的防衛產業在國防預算的削減中，為了求得生存，在宇宙範圍的商業不斷努力的背景存在。宇宙產業是新範圍的商業，今後發展的餘地非常的大。未開發的地區及海洋的資源開發是今後的課題。

此外，通信放送空域的航空管制、航空法資源等廣泛需要，預計將會不斷的擴大。衛星商業也頗受矚目。中國也加入了宇宙商業中，市場急速擴大。

宇宙開發在一九五七年十月四日，人類才開始加以探索。從蘇聯將衛星一號送入太空之後開始的。接著，美國也送入探險者一號，將宇宙開發視爲是與蘇聯核戰力競爭的一環。在冷戰期間，可說是表現美蘇威信的競爭。

因此，到一九六〇年前半期爲止，宇宙開發主要是美蘇兩國基於軍事目的而持續宇宙活動。但是，六五年法國送入Ａ１衛星，接著，七〇年日本利用自己國家開發的火箭成功的送入衛星。同年，中國也送入「東方紅」，加入宇宙的開發行列中。到了七一年，英國也成功了。宇宙開發的競爭逐漸激烈化，而其動機除了日本以外，幾乎都具有軍事目的。

在冷戰期間，宇宙利用的科學技術急速發展。

冷戰後，隨著國際戰略環境的變化，科學觀測、探查行星之學術的解析到在宇宙衛星的追求商業利益等，宇宙開發活動持續進行中。宇宙產業包括通信、氣象觀測、資源探查、測地、航行支援等，這一方面的發展相當顯著。中國在八八年開始，擁有宇宙火箭，表明加入商用宇宙產業的態度，而且陸續展現了實績。

關於宇宙開發方面，聯合國在六三年宣布宇宙開發利用的國家活動的規律。其中，所有的國家都擁有探查、利用宇宙空間的活動自由，但禁止任何國家取得宇宙與天體，確立了這項基本原則。

在一九六六年，按照這項宣言，制定了「包括月球及其他天體在內，宇宙空間的探查及利用方面的國家活動原則條約」，也就是所謂的「宇宙條約」制定出來了。

後來，「宇宙條約」的原則規定，爲了加以具體化，在六六年又陸續締結了「宇宙救助、歸還協定」。七二年締結「宇宙損害賠償條約」，七五年制定「宇宙物體登錄制度」，七九年制定「月條約」等等。

國際間，自行規律宇宙開發利用的秩序，而中國也接受了這些規定。在八二年，與法國、羅馬尼亞等國交換關於宇宙開發的議定書，進行國際協助。

但是，除了天體之外，宇宙空間並未禁止除了大量破壞武器設置以外的一般軍事利用。所以，人造衛星是屬於送入衛星國管轄的歧國主義。因此，將來還是會留下一些問題存在。基本上，會出現一個「宇宙是誰所擁有」的問題。當然，沒有結論出現。

事實上，利用價值極高的靜止衛星軌道的佔有、使用權，領空概念的適用範圍、宇宙資源開發及軍事利用的界限，無差別侵入的放送衛星的電波問題等，將是今後宇宙開發的課題。

2 中國宇宙開發的經緯與研究開發體制

(1) 宇宙開發的經緯

中國共產黨到一九五六年決定著手於飛彈核子武器開發以及核能開發。基於這項規定，從美國歸國，在當時世界頂尖的火箭工學家錢學森博士等許多位中國科學家，爲了重建祖國而歸國，加入開發核彈的戰列。

當時宇宙開發的方針，根據「關於國防近代化若干問題」（『紅旗』八三年第五期）的記載，「飛彈與核能的近代化與發展是最重要的重點。飛彈以戰略飛彈爲重點，核能開發的重點則是核燃料生產基地的建設以及核子彈的研究開發」。中國和其他國家一樣，將宇宙開發視爲與核戰力的開發緊密結合的軍事研究的一環。以下，我們來探討飛彈與衛星開發的經緯。

關於飛彈的開發，在一九五九年十月簽訂「中蘇新技術協定」，五八年一月，從蘇聯導入「P2（射程六千公里）」，六〇年二月，成功的進行液體燃料的火箭首次飛

表19—1　中國的火箭、飛彈開發狀況

次數	發射年月日	運投火箭	人工衛星		備　註
			衛星名	衛星重量	
1	1960.2	實驗型			首次火箭發射成功，液體燃料。
2	1960.11.	國產「P—2」			蘇聯製「P—2」複製品，「東風1號」飛彈
3	1964.6.	（中距離飛彈）			彈頭搭載生物？（這一年首次核子實驗成功）
4	1967	平和2號氣象火箭			氣象火箭的初次試射，液體燃料
5	1970年初期	長征1號			3段固體燃料，首次成功
6	1970.4.24.	同上	東方紅1號	173 kg	最初的人造衛星，綜合實驗用
7	1971.3.3	同上	實踐1號	221	空間物理探查的科學實驗用衛星　79.6.17墜落
8	1975.7.26	風暴1號	技術實驗1號		綜實驗用
9	1975.11.26	長征2號	回收型遙控衛星1號	1,790	結束3天的飛行任務後，回收到地上
10	1975.12.16	風暴1號	技術實驗2號	1,109	機能正常，成功
11	1976.8.30	同上	技術實驗3號	1,108	同上
12	1976.12.7	長征2號	回收型搖控衛星2號	1,182	結束3天的飛行任務後，回收到地上
13	1978.1.26	同上	同上3號	1,180	同上
14	1981.9.26	風暴1號	實踐2號 實踐2號甲 實踐2號乙	257 257 257	1座火箭同時成功的發射3個衛星，進行科學探查
15	1982.9.9	長征2號	回收型搖控衛星4號	1,783	各系統發揮正常機能，同年9月14日回收
16	1983.8.19	同上	同上5號	1,842	各系統發揮正常機能同年8月24日回收
17	1984.1.29	長征3號	實驗衛星	461	最初的實驗用通信衛星
18	1984.4.8	同上	實驗靜止通信衛星1號	461	最初的靜止通信衛星(定點設在東經125度的赤道上空)
19	1984.9.12	長征2號	回收型遙控衛星6號	1,809	各系統發揮正常機能
20	1985.10.21	同上	同上7號		國土調查資料，地上回收
21	1986.2.1	長征3號	實用靜止通信衛星2號		定點，東經103度，赤道上空
22	1986.10.6	同上	回收型資源探查衛星		同年10月11日回收

23	1987.8.5	長征2號	回收型科學探查技術實驗衛星		同年8月10日回收
24	1987.9.9	同上	同上		同年9月17日回收
25	1988.3.7	長征3號	實用靜止通信衛星3號		定點，東經87.5度赤道上空
26	1988.8.5	長征2號	回收型科學探查技術實驗用衛星		同年8月13日回收
27	1988.9.7	長征4號	氣象衛星「雲風1號」	750kg	
28	1988.12.	織女1號氣象火箭			海南發射場
29	1988.12.22	長征3號	實用通信衛星4號		與25的靜止衛星同型
30	1990.2.4	同上	實用靜止通信衛星5號		定點爲東經98度赤道上空
31	1990.4.7	同上	通信衛星亞洲沙特1號	1,200	美國製衛星，首次發射外國製衛星
32	1990.7.16	長征2E號	模擬衛星		長征2號搭載4個推進器的大推進力火箭
33	1990.9.3	長征4號	實驗氣象衛星「風雲1號」		將中國科學院2個大型的觀測用衛星同時升高
34	1990.10.5	長征2號	回收型科學探查衛星		同年10月13日回收
35	1991.1	織女3號	低緯度宇宙探查衛星		
36	1991.12.27	長征2號C	科學實驗衛星		
37	1992.8.9	長征2號D	新型科學探查、技術實驗衛星		同年8月25日在四川回收
38	1992.8.14	長征2號E群	豪通信衛星「奧斯塔特B1」		同年3月22日中止發射
39	1992.10.6	長征2號C	①科學探查、技術實驗 ②瑞典科學實驗衛星「傅雷亞」		2個同時發射，①在同年10月13日回收
40	1994.2.8	長征3號A	①空間探查「實踐4號」，②模擬衛星「夸父1號」		
41	1994.7.3	長征2號D	科學探查、技術實驗		同年7月18日在四川收回
42	1994.7.21	長征3號	香港通信衛星（AP星1號）		
43	1994.8.28	長征2號E群	豪通信衛星「歐普斯特B3」		

（資料）：從張鈞主編『當代中國的航天事業』中挑出所需的部分作成。

表19—2　中國的火箭一覽表

區分 ＼ 火箭名		長征1號	長征2號	風暴1號	長征3號	長征4號	長征2號E	長征1號D	長征3號A	長征2號E/HO
體形	直徑（m）	2.25	3.35	3.35	3.35	3.35	3.35	2.25	3.35	3.35
	全長（m）	28.01	35.145		43.85	41.895	51.172	29.46		
	全重量（t）	80.0	191.0		202.0	249.0	462.0	81.4	240.0	
引擎		3	2	2	3	3	2	3	3	2
誘導控制裝置		STRAP DOWN 方式慣性誘導	STABLE PLATFORM 方式慣性誘導	STABLE PLATFORM 方式慣性誘導	STABLE PLATFORM 方式慣性誘導	STABLE PLATFORM 方式慣性誘導	STABLE PLATFORM 方式慣性誘導		STABLE PLATFORM 方式慣性誘導	
發射能力		300kg	2,800kg		1,450kg	2,500kg	9,000kg 2,900kg	750kg	2,300kg	4,800kg

(資料)：根據表19—1的資料以及 Nuclear Weapon Databook Volume V. British, French and Chinese Nuclear Weapon. by Robert. Norrws, Andrew Burrows, and Richard Fieldhouse, Natural Resources Defence Council, Inc. 等作成。

翔。

但是，隨著中蘇關係的惡化，一九六〇年八月，毀棄中蘇新技術協定、停止技術援助、撤回技術者等危機出現了。中國不得已，只好在自力更生的方針之下，持續開發。後來，如表19—1所示，自力開發的中國製的「P2（東風1號）」在六〇年十一月的發射實驗獲得成功。

現在，中國吹起文化大革命的風暴，但是，飛彈開發被視爲最優先課題，持續進行。

一九六四年六月，成功的發射中距離飛彈，使中國的火箭開發進入新的階段。當時，美蘇的飛彈已經是多段式火箭的水準。但中國，在六〇年代末爲止，還是一段式火箭，同時僅止於液體燃料的階段。

一九六七年，成功的發射氣象火箭；七〇年，最初的三段式火箭，軍用目的的「長征1號」火箭登場（表19－2）；接著，長征1號使得最初的人造衛星「東方紅1號」（一七三公斤），成功的在七〇年四月發射升空。環繞天空的「東方紅」的出現，使得中國的宇宙開發躍升爲國際社會之上。七一年，科學探查衛星「實踐1號」升空；七五年，大推力的「風暴1號」成功的發射低軌道的重量衛星。

追求更大有效載荷的二段式「長征2號」火箭完成。在一九七五年十月二十六日，發射「回收型遙控衛星1號」，三天後，成功的回收到地上。這是最初的回收型人造衛星。八一年，同時讓三個人造衛星進入軌道，這時中國發射三個衛星，表示有效載荷一噸以上的衛星，可以在所希望的軌道上，配合正確誘導技術的要求而分離成爲一個獨自的衛星；這也證明了核彈頭MIRV化的可能性，因此，大家開始注意到中國核子戰力的強化。

一九八四年一月「長征3號火箭」當成最初實驗用通信衛星，發射升空。接著，同年四月成功地發射最初的「靜止衛星」。長征3號火箭當成通信衛星用的多用途大型火箭，開發成的是第一段。第二段則是長距離液體燃料；第三段用液體氫、液體氧為主要燃料，為中國最大的推力火箭。藉著長征3號的作用，八六年成功的將實用靜止通信衛星2號定點在東經一〇三度，終於迎向中國的宇宙實用化時代。

另一方面，在軍事上，一九八〇年五月，對於南太平洋成功的完成了射程一萬四千公里的ICBM的實距離實驗。達成能到達美國東海岸的ICBM的實戰化。此外，八二年秋，成功的完成SLBM的水中發射實驗，中國核戰力的第二擊力的殘存性，得到了很好的成果。

一九八七年的回收型科學探查、技術實驗衛星，載著法國馬特拉的實驗裝置升空。一九〇年時，最初的外國製的衛星「亞洲沙特1號」發射升空。這是利用長征3號送入一千二百公斤的美製衛星。中國還開發出了強化搬運用火箭推力的「長征2E號」，接著又開發出了能夠同時送入兩個氣象衛星的大型觀測用衛星的「長征4號」等，表示火箭能力與用途別的種類增加了。

「長征4號」在一九九〇年九月讓最初的氣象衛星登上軌道時，曾經成為話題。當然，這是商業目的，但是，這個技術也可以視為是戰略飛彈的技術之一。

也就是說，在軍事以及核子武器計劃有關的宇宙範圍內展現成果。中國宇宙開發先開發軍用火箭，然後轉爲民用或商用，賺取外幣。開發了擁有各種不同用途及性能別的多種火箭的體系，此外，也可以再轉用爲軍用火箭，具有旋轉循環特色。

(2) 宇宙的研究開發體制

中國的宇宙產業由國務院的機械工業部管轄。政府的開發機構是中國空間技術研究所。在此，爲了開發火箭及人造衛星而附設了研究所、工廠、實驗中心、火箭發射廠等。中國空間技術研究所有負責人造衛星的研究開發實驗的九個研究所、兩個設計院、三個實驗工廠，進行與宇宙有關的應用器材開發、資料的解析等。

此外，爲了進行宇宙空間的科學研究，直屬於中國科學院的空間技術中心成立，進行宇宙觀測等。

中國政府的直轄機構國家宇宙局，在一九九三年六月，改組爲中國宇宙工業總公司。從業員二十七萬人，爲直屬於中國政府的少數國有企業，發揮宇宙產業之司令部的作用。在其旗下有中國火箭發射廠的酒泉、西昌、太原各地送入衛星的中心。海南島火箭發射廠也是其中之一。

中國宇宙的開發體制，根據日本航空宇宙工業會、中國宇宙工業友好訪問團報告書的叙述如下：中國之火箭衛星開發的全體計畫、綜合調整等由航空航天工業部（現在的機械工業部）進行。搬運火箭的開發、製造由中國運載火箭技術研究所（ＣＡＬＴ）進行；火箭發射業務由屬於國防科學技術工業委員會的中國衛星發射測控系統部（ＣＬＴＣ）負責。中國運載火箭技術研究所（ＣＡＬＴ）擁有十三個研究所、六個工廠，是中國最大的搬運火箭廠，擁有二·七萬名的從業員，八千名爲中、高級技術者；代表製品是「長征2號」、「長征3號」。

此外，上海航天局有新中華機械廠、上海衛星工程研究所等，進行與北京系統不同的火箭開發。這個系統負責「風暴1號」、「長征4號」等重量用火箭的開發及製造。

此外，關於國際宇宙方面的商業活動則由長城工業公司負責，從業員三百人，與北方工業公司同樣的發揮國營公司的機能，進行發射衛星的洽談、服務提供、衛星開發的國際協助、宇宙相關的進出口業務等。

此外，爲了進行火箭實際距離的實驗，而在海洋進行的觀測或支援的必要，則由在八八年下水的調查船「遠望號」來負責。

3 中國的宇宙開發現況與宇宙商業

(1) 核、宇宙開發的現況與課題

中國的宇宙開發急速發展，形成如表19－2所示的長征型火箭系列。因此，中國宇宙產業就是藉著各種不同的搬運用火箭，將形態、重量、軌道、使用目的不同的衛星送入宇宙。而搬運火箭的生產雖是單體生產，可是，卻可以配合需要，成爲經濟效率極佳的少量量產體制。

中國的宇宙開發水準，根據『中國通信』的報導，不論是整體設計、火箭引擎、飛行體的誘導控制、發射技術與地上設備、宇宙材料的製造、飛行體搖控，生產與拼裝所構成的搬運火箭系統，非常完善。此外，還有多段式火箭的分離技術；利用一座火箭，將複數衛星發射升空的技術；還有大型搬運火箭群與分離技術、超低溫火箭引擎、固體燃料火箭引擎等各方面都已經達到世界的先進水準。

因此，關於長征型火箭的搬運能力，近地點的搬運能力從三百公斤到九千二百公

斤，而到達靜止軌道的搬運能力，從一千五百公斤到四千八百公斤，能力相當的強化。

此外，不同重量、各種用途的衛星，要投入近地點，太陽同期軌道、地球同期轉移軌道等，可以滿足使用者廣泛的要求。

關於衛星方面，中國在一九九四年十一月，由西昌中心將「東方紅（DFH）3號型通信衛星」利用長征3號A火箭送入太空。根據新華社的報導，這個衛星搭載二十四個C電波中繼器，重量爲二千二百公斤，是第三十七顆發射成功的中國製衛星。也是最初的三軸控制型的靜止衛星。東方紅3型衛星備自動的姿勢控制裝置，擁有一流的水準。東方紅3型衛星可以使用彩色電視以及電話回線。以往，同1型在七〇年發射升空，同2型從八四年到九一年爲止，有七個發射升空。

但是，目前衛星升空的失敗例子很多，從一九九二年開始，衛星升空的狀況，十三次中，失敗六次。九二年三月的豪通信衛星發射時，火箭點火後發生故障，中止升空（這個衛星在同年八月，成功升空）。九二年十二月，中國製科學探查實驗衛星從酒泉發射升空，發生故障，進行地面回收時卻失敗。九四年四月，預定由西昌升空的中國氣象衛星「風雲2號」，在檢修時爆炸，一人死亡、二十多人受傷。九四年十一月，從西昌發射的靜止通信衛星，雖然成功的變更軌道，但是，八天以後無法控制，而脫離了靜止軌道，這一類的意外事故持續發生。

尤其在一九九五年一月二十六日，四川省的西昌衛星發射中心，使用「長征2號E」火箭發射升空的通信衛星HS601型「AP型2號」，在發射一分鐘後爆炸，附近許多居民死傷。這個「AP星2號」由中國長城工業總公司承包發射，除了有一百個以上的電視頻道之外，還備有數據通信設備、電波到達範圍含蓋整個亞洲以及澳洲、東歐、北非，可以說是亞洲最大的衛星。如此一來，使得各國、各地區放送公司，對亞洲電視戰略必須要變更。

這次事件使得國際間，對於中國宇宙事業的信賴性，大打折扣。中國不斷研究發生意外事故的原因，努力改善。但是，這顯示出要求高度技術的宇宙產業的困難之處。

(2) 中國宇宙商業的現況與今後的展開

中國在一九八八年的聯合國縮減軍備的總會中，表明將要使用六種火箭，加入宇宙商用產業，在此之前，中國衛星發射升空的成功率很高，對於送入衛星火箭深具自信的中國，在國內舉辦國際防衛技術展覽會以及國際航空展，展出了許多長征系列的各種模型。爲了承包發射外國衛星的商業活動，而做出了這一連串的努力。

中國將搬運核子彈頭的飛彈開發成果轉化為民需用的長征型火箭。開發了六種的「長征系列」，主要是用於商業衛星發射事業。最初的成果在九〇年春天，成功的發射了亞洲沙特1號；接著，在九一年以後，發射巴基斯坦的科學實驗衛星以及阿拉伯衛星。

一九九二年八月，發射豪通信衛星「奧斯塔特BE」。同年十月，同時發射了兩個衛星，其中一個是瑞典的科學實驗衛星。九三年，暫時停止。九四年七月，繼香港的通信衛星「AP星一號」之後，八月再度發設豪通信衛星「歐普斯特B3」，展現許多的實績。

中國宇宙開發商業成為獲得外幣的尖兵，積極的進行。一九九四年秋天，在鄰近香港的廣東省的深圳經濟特區，舉辦「九四年深圳中國宇宙成果展覽合作商談會」，由中國宇宙工業總公司舉辦大規模的商談會，中國方面展示六百項的製品、二百項計劃，總計達二十億美元的合併計劃。大規模商談會，表現中國方面加入宇宙商業的強烈姿態。

中國的宇宙產業，以往以利用火箭發射衛星的成功率較高。一九七五年最初實驗衛星回收的成功，導致九二年十月六日發射的中國製的科學探查、技術實驗衛星的回收率，號稱為百分之百的成果。配合各種的需要，目前已經準備了九種的「長征型火箭系列」，發射次數爲三十七次。中國發射一座衛星的費用爲四千五百萬美元，價格比歐洲和美國低了一半，可以說是最好的武器。

今後的發展則是到二〇〇〇年爲止，已經簽定了契約，預計要發射中國製的衛星以及三十多個不同型的外國製的衛星。

具體的例子就是中國長城工業總公司（宇宙開發的綜合企業群）。從一九九六到二〇〇〇元爲止，與美國的蒙特羅公司簽訂契約，將爲他們發射幾座低軌道通信衛星。

此外，亞洲衛星通信社繼亞洲沙特1號之後，預計在九六年四月發射亞洲沙特2號；而這項發射計畫要利用中國長城工業總公司的長征2號E火箭。

由此可知，中國對於宇宙商業市場的進攻，非常的明顯。這意味著，將來在宇宙空間的利用方面，中國的發言力和影響力會增大。當然，在安全保障上也會造成極大的影響，所以，對於中國的宇宙開發及發射商用衛星的動向，今後要多加注意。

（茅原郁生）

20 嘗試改變的中國民間航空

1 軍隊的一部分蛻變爲國民，脫離世界的水準

通信式國家的神經運輸就是血管。航空的發達度表示該國的近代化（圖20－1）。

(1) 從軍隊的組織到直屬於國務院

四九年十一月，爲了管理民用航空，設置民用航空局（以下簡稱民航局），接受空軍的指導。五二年四月，民航局編入空軍中，後來，兩次直屬於國務院，但是，到六九年十一月時，再度編入空軍中。八〇年三月，三度直屬於國務院。

民航局管理所有的民用航空，並進行營運，爲單一的巨大組織。在周恩來所率領的國務院的管轄之下，意味著在軍隊管理之下，企圖強化民航局的企業性，但是，又必須

圖20—1　中國的國內及地區航路

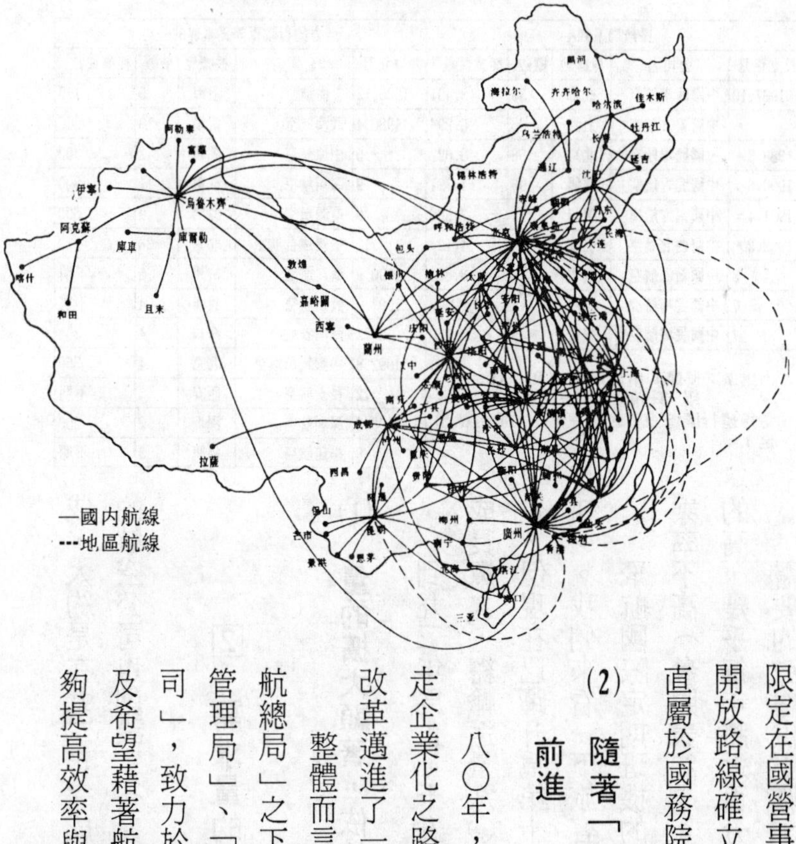

—國內航線
---地區航線

限定在國營事業的範圍內。而在改革開放路線確立之後，民航局正式成為直屬於國務院的組織。

(2) 隨著「改革、開放」的波濤前進

八〇年，鄧小平指出「民航必須走企業化之路」，使得民航局的體制改革邁進了一大步。

整體而言，在中央行政組織「民航總局」之下，每一地區設置「地方管理局」、「機場當局」、「航空公司」，致力於管理規模的正常化，以及希望藉著航空公司之間的競爭而能夠提高效率與服務。這個組織的再編

表20—1　航空公司的設立

民航局系列					地方的行政軍等爲基礎的公司				
設立年月	公司名	根據地	機數	從業員數	設立年月	公司名	根據地	機數	從業員數
1987.10	中國西南航空	成都	33	3,401	1985.12	上海航空	上海	5	760
*	中國東方航空	上海	66	6,294	1986.4	武漢航空	武漢	10	200
1988.5*	中國國際航空	北京	58	8,627	5	中原航空	鄭州	2	300
1990.6	中國北方航空	沈陽	96	4,721	9	四川航空	成都	11	800
1991.4*	中國南方航空	廣州	101	7,820	9	廈門航空	廈門	9	1,800
1992.2*	中國西北航空	西安	42	4,124	12	中國連合航空	北京	28	120
5	中國新疆航空	烏魯木齊	22	3,880	1990.9	浙江航空	杭州	5	不明
7	中國雲南航空	昆明	7	2,300	1991.9	貴州航空	貴陽	4	不明
7	中國長城航空	重慶	5	150	12	海南省航空	海口	4	354
					1992.8	中國新華航空	北京	4	360
					12	長安航空	西安	3	不明
					1993.8	深圳航空	深圳	2	250
					8	福建航空	福州	3	不明

（出處）：根據「中國航務週刊」1994年7月，只刊載定期班次運行公司。

*是指運行國際線（包括香港）、（包括預定）。

成，大約是在九二年完成，同時民航局系列以外的航空公司也創設了（參照表20－1）。

2 需求量的擴大與品質的提升

(1) 量的擴大顯著，依然缺乏的國內線供給

到九三年爲止，十五年內，中國民間航空的成長驚人，總輸送量八〇年爲世界排名第三十七位，但現在已躍升爲第十二位（表20－2、20－3）。我們來看一下旅客的情形。

飛航國際定期班機的機場有三十四個，但搭乘率不高（參照表20－4）。國內線搭乘率非常的高，幾乎每年將近百分之九十。

需要的激增供不應求。國民總數與航空旅客

表20—2　中國航空輸送實績

（1950～93年）

曆年	旅客數(萬人)	貨物量(噸)
1950	1	767
1955	5	4,711
1960	21	31,788
1965	27	27,163
1970	22	36,981
1975	139	46,555
1978	231	63,815
1980	343	88,866
1985	747	195,059
1986	996	224,341
1987	1,310	298,758
1988	1,442	327,232
1989	1,283	309,707
1990	1,660	369,721
1991	2,178	451,984
1992	2,886	575,269
1993	3,383	693,935

（出處）：『從統計看民航1994年』。

數加以對照的話，假設航空旅客全都是本國國民，則幾年搭乘自己國家飛機一次呢？加以計算的話，日本人爲一・八年一次，韓國人二・六年一次，義大利人三年、印尼人十八年、中國人五十九年、印度人七十八年，美國人半年一次。

(2) 品質的提升，安全性、定時性、服務

供給量激增，其他各方面則在後面苦苦追趕。

關於安全性方面，國際線航行以來，死亡事故爲零，的確是值得驕傲的實績。而國內線最近九二年有四件、翌年三件旅客死亡事故發生。就在蘇聯製的飛機要汰換爲歐美製的新型飛機所發生的。

尤其九三年三件全都是歐美製的飛機發生的事故（件數只有定期班次）。國務院重視這些事態，做出強化安全的指示。其中一項是「與航空有關的職員不能採用兼差的方

表20—3　1993年各國航空輸送量

（單位：100萬噸公里）

國名	順位	總輸送量
美國	1	89,845
英國	2	17,427
日本	3	14,679
舊蘇聯	4	10,870
德國	5	10,116
法國	6	9,612
豪州	7	7,806
韓國	8	7,191
新加坡	9	6,714
荷蘭	10	6,388
加拿大	11	5,138
中國	12	5,118

(註)：旅客(標準重量)與貨物重量乘以距離的數值。

(出處)：『從統計看民航 1994 年』。

表20—4　旅客搭乘率

（％）

	中國		日本	
	國内線	國際線	國内線	國際線
1986	89.7	60.0	61.0	70.5
1987	89.5	59.6	63.6	73.7
1988	89.2	64.4	64.6	75.6
1989	78.5	51.4	70.2	75.2
1990	76.9	54.0	72.9	72.5
1991	84.8	61.3	71.1	72.4
1992	87.1	59.3	66.3	67.8
1993	76.6	57.5	61.7	65.6

(出處)：中國：『從統計看民航1994年』。
日本：『航空統計要覽』，『航空宇宙年鑑1994』。

式」，表明現在中國的苦惱。

定時性方面，要求改善爲時久矣。民航局九二年的報告指出，定時率的目標值爲百分之八十二，而同年實績爲百分之八十七（中日經濟交流九二年），感覺上似乎已經強化了改善。

而風評不佳的服務也有提升的跡象。往返的旅行，可以在出發地預定回來的班機。國內線的確定機位只要打電話就能辦到。等待領取行李的時間也縮短了。

這可以說在高度成長之下，量先行質落後的過度狀況。

3 值得注意的幾點

(1) 海外旅行的自由化何時開始

中國國民希望能夠自由的到海外旅行。雖然貧富差距擴大的傾向非常顯著，但是只有「有錢人」才可出國旅行，目前只達到底邊的水準而已。

日本的六四年，奧運年已經自由化，當時每一位國民所得約二十六萬日幣，韓國在奧運年，即八八年也得到自由化，當時個人GNP約爲二三七〇美元，假設現代中國每人的GNP達到四百美元，每年成長八%，則到二〇〇七年才能超過一千美元，要超過二千美元，須等到二〇一六年，這個日子何時才能到來呢？

國民的一%就有一千二百萬人。一部份的國民能自由到海外去旅行，相信這種現象會逐漸擴大。目前政府允許的團體的觀光旅行是到香港、新加坡、馬來西亞、泰國、印尼、菲律賓。也許在經過較長的期間之後，中國的民間航空眞的能夠開放給國民利用吧！

(2) 與韓國、台灣、日本關係更爲活絡

去年末中國六都市與漢城之間開設了往來的定期班機。六都市是指瀋陽、大連、北京、天津、青島、上海，這個路線的開設提高了漢城國際機場的地位。日本全國十八都市經由漢城到中國，或者是飛往歐美，效果非常大。成田、羽田目前處理能力方面並無餘地，成爲過境機場的地位較低，這是值得憂慮的一點。

漢城—北京線的開設，使得日本的飛機也能夠飛行這個航道，而成田—北京間所須時間縮短了一小時(現在單程約四小時)。雖然中日之間已經要進行航空交涉，但是對兩國而言，還是有一些問題存在，希望能夠早期達成協議。

相信臺灣不久之後能夠與中國直接往來。香港歸還中國之後，可能會先利用船舶直行大陸，當然航空方面也可能兩岸直行，到時就是一個新的時代到來了。

九五年，飛行中日之間的航空公司雙方共有四家，包括日本航空系統，與日本貨物航空、中國南方航空。而從日本到中國的新就航地是廣州。廣州對日本而言，是僅次於北京、上海、大連、青島的第五個搭乘地。這五個都市都是沿海都市接近海的都市。內陸部的發展顯著之後，第六個地點可能就是在內陸部。

日本航空強化與上海航空之間的提攜，選擇上海這個地方，而不選擇與中央直結的地方，這一點必須要注意。

(3) 國際化的需要

一九九四年八月，中國國際航空與東方航空加入ＩＡＴＡ（運行定期班制的航空公司之世界性組織）。ＩＡＴＡ的代理店制度今夏導入。中國近代航空代理店制度逐漸普及，可說是一大出發點。

原本屬於軍隊一部份的民用航空在市場經濟的波濤中，現在將會變成眞正的「民間航空」。

（阿部康男）

21 物資流通改變中國

1 中日間的運輸

日本和中國的運輸業者，在一九八〇年十月簽訂與國際複合一貫輸送有關的相互代理店契約（當時中國方面一家，日本方面四家公司）。因此，中日間眞正利用貨櫃進行一貫運輸即由此開始。

我們來看接下來十幾年，透過中日國際複合一貫運輸的中國物流問題。如表21－1所示，中國經濟從開放經濟開始，每五年成長約二倍，因此運輸需要起了極大的變化。

(1) 一九八〇年代前半期　國際複合一貫運輸（貨櫃運輸）創成期

中國制定改革開放政策，推進第六次五年計劃，中日間貿易額達到一百億美元大

表21—1 經濟與運輸的指數演變

	1980年	1985年	1990年	
中國國內總生產（億元）	4,470	8,527	17,681	93年：31,380
中國的貿易額（億美元）	381	696	1,154	2,000億美元時代
中日間貿易額（億美元）	94	190	180	94年：460
中日間貨櫃輸送數		15萬 TEU	24萬 TEU	94年：66萬 TEU

（註）：TEU＝20呎貨櫃換算之意。
（出處）：『1994年中國交通年鑑』。

關，這時期日系運輸業者住在北京、上海等地開設駐在員事務所，眞正進行中日間國際複合一貫運輸。

(2) 一九八〇年代後半期 爲擴大發展期

中國的國內總生產達到開放經濟前的四倍，中日間貿易額接近二百億美元大關。中日間航行的貨物船定期航運搭載三百～四百個貨櫃的專用船。與中國運輸業者訂立契約的日系運輸業者達到六十家。在中國內開設駐在員事務所的日系運輸業者大約有二十家。

(3) 一九九〇年代初期 三國間運輸需要急增

日系廠商的生產據點轉換從複合一貫運輸的中日間運輸需要而變成NIES、ASEN諸國的複數地區，將零件送達中國，以及在中國生產的製品直接輸出到歐美的運輸等三國間的運輸需要。而配合近代物流需要，進駐在中國的日系運輸業者，必須設立當地的營業據點，因此，陸續設立合併公司（最初爲三～五家）。

(4) 一九〇年代中期 中國國內運輸問題的顯在化

日系廠商的進駐動機，是爲了節省成本，同時將中國視爲將來的市場而進駐中國，隨著三國間的運輸充實，中國國內的配送等、中國國內運輸對應力值得探討。而以這些物流動向變化爲背景、日系商社以與自己公司有關的商流運輸爲基礎的物流事業，也開始在中國展開了（三～四家）。

2 中國經濟的發展與運輸

(1) 計畫經濟下的流通

看表21—2就可以知道，在中國與經濟成長速度相比，貨物運輸量的成長速度非常慢。換言之，即運輸成爲經濟成長的瓶頸。

第六次五年計劃當時，提出「四個現代化」的口號，將「運輸與能源的整備」視爲重點項目。而當時這些整備主要是以基本建設（港灣、

表21—2 以1980年爲基準的成長率

	1980年	1985年	1990年	1993年
國內總生產	100	190.76	395.54	701.01
貨物運輸量	100	152.71	217.92	253.70

（出處）：『1994年中國交通年鑑』。

鐵路等）為著眼點。

指令性計劃經濟下的中國，擁有強烈的生產第一、建設第一的意識，流通即「物流」的重要性，並未受到重視。

例如：某個工廠基於計劃決定年間生產目標。這時生產所需的原材料以及必要的數量必須自行籌措，在籌措時當然需要利用工廠自家用的卡車隊去取貨。

利用籌措的原材料進行生產活動，達成製品的目標生產的數量時，製品保管在工廠內的貯藏倉庫，一直擺到所需要的其他的生產者和消費機構來購買取貨為止。

(2) 社會主義市場經濟

一九八〇年以後，七十二種的國家計劃分配項目，在一九九二年減少為二十二項，翌年減少為十一項。一九九三年十一月的三中全會，明確提示社會主義市場經濟的道路。全國出現大約四百家的商品交易中心，致力於商品市場流通的活性化。因此，支撐流通的物流之重要性，開始受到重視。

現在，物流的活性化支撐社會主義市場經濟的發展，同時也保障明日中國的發展。

(3) 中國的運輸情況

在中國運輸情況的變遷如表21—3所示。

以往在中國國內運輸中，鐵路運送的比率非常的高。但是現在有漸減的傾向（參考九三年鐵路運輸的比率 美國三七．五％、英國七．二％、日本四．九％），反之，則道路運輸著實成長（參考九三年道路運輸比率 美國二五．八％、英國六一．三％、日本五〇．一％）。

中國的運輸統計通常是由鐵路、道路、水運、航空、管五線項所構成。管線是石油專用的，較特殊，而航空運輸最近有急速成長的趨勢，不過分擔運輸的管道比率爲0％。水運方面，所謂南船北馬，長江和珠江地區等，利用華東、華南地方的河川或運河，成爲內航海運，具有重要的作用。九三年的運輸實績爲一億三千九百萬噸公里，看表21—3即可知具有穩定的貢獻率。

礙於篇幅的關係，關於其他的管線，航空、水運方面暫時割愛不提，單就鐵路、道路運輸來加以探討。

表21—3　運輸管道分擔比率及其變遷

（％）

	1980年	1985年	1990年	1993年
鐵　路	47.5	44.2	40.5	39.2
道　路	6.4	10.4	12.8	13.3
水　運	42.0	42.1	44.2	45.4

（出處）：『1994年中國交通年鑑』。

①鐵路運輸

看一九九三年的鐵路相關數值，發現路線營業總延長五萬三千八百公里，貨物總輸出量十五億六千萬噸。貨物項目：煤四〇%、石油、鋼鐵、水泥等三五%，其次則是食物運輸、雜貨、輕工業品的比率爲五%以下。

保有車輛數，火車一萬四千四百輛、貨車三十九萬輛，每年各增加九百輛、三萬輛，而新路線建設二千公里。

但是，鐵路運輸需要依然很高，現在鐵路運輸需要的充足率不到七〇%，旅客、貨物的運輸能力都達到了界限。

致力於鐵路運輸力提升的投資額，鐵路部門的投資額，與其他部門比較，反而相當的低。

結果，鐵門的硬體建設方面，利用世銀、日幣貸款等的外債，欠缺整體的平衡。最近雖然展現納入BOT方式等的積極新路線建設動向，但是要涵蓋廣大的國土，因應新的物流需要，推進鐵路事業需要龐大的資金。原本，重點致力於硬體建設的傾向較強，所以，其他與運輸有關的結節相關設施和軟體的設備等新課題也被提出，希望能夠實施根本的政策。

②道路運輸

一九九三年中國的道路總延長約一百一十萬公里，其中汽車專用的高速公路爲一千一百四十五公里。而運輸用車輛總數約爲五百二十萬輛。但是其中營業用卡車只有十萬輛，先前提及各生產機構所屬的自家用卡車約九十六萬輛。這些車輛載運的總運輸數量約爲四千億噸公里(其中，營業用卡車等的運輸數量約三百十一億噸公里)。

此外，國際標準尺寸的貨櫃運輸實績，以二十英呎貨櫃換算爲六十三萬TEU。問題是自家用車輛佔壓倒性多數，運輸實績較多，而卡車的絕對數不足。

爲了使得流通活性化，有效的進行物流，必須要機動性有效的將這些自家用車輛，以及生產機構所擁有的貯藏倉庫當成物流機能來加以運用才行。

此外，在增加卡車數量的同時，關於其性能方面，也要尋求能夠長時間進行高速行駛的車輛。汽車運輸力的提升，是支撐社會主義市場經濟持續發展的重大課題。

3 今後的物流事業

脫離計劃經濟之殼，而推進市場經濟政策時，對於物流改善期待之心與日俱增。鐵路、道路、港灣等基本建設，自改革開放以來，引起極高的關心度，因此，這種大運輸的擴大政策，各位必須要了解才行。

今後的課題，應該是要設立與大運輸建設有關的綜合政策推進機構，而且要有效的實施各種的策略。

其次，大運輸部分，即使使用鐵路、水運、或是航空管道，如果兩端的小運輸無法充分發揮機能則無法成立物流，而物流需要情報服務，否則無法符合近代物流需要。

這時，負責新任務的業者，就是以往在中國幾乎不存在的利用運輸業者，而在各處配置這些業者，雖然不需要很多的資本，但是技術和人才投入是不可或缺的。

在中國這方面不畏懼錯誤的實驗，將不斷的以實踐的方式進行，所以要成立負責國內物流活性化的利用運輸業者本身沒有任何大問題，但是要進行活性化的經營管理需要一些時間。爲了使這些業者的事業活動正確，同時與諸外國的步調配合，法律的制定乃爲當務之急。

以上政策如果能以行政和企業的水準巧妙的加以運作，則如「道路運輸」項目中所指出的，各有力生產機構等所擁有的自家用卡車或貯藏倉庫能夠獨立、整理、發揮社會物流機能的活性化，也能成爲對於社會主義市場經濟發展最有貢獻的物流改善方法。

（根岸宏和）

22 廣大國家連成一線的通信網

[1] 中國的電氣通信情況

(1) 「改革、開放」以前的通信情況

在改革開放政策出現之前，中國的電信情況，直言之，即「用手指轉動轉盤的章魚」以及「碼電」。當時商社的北京駐在員（出差員）的工作，就是早上爲了洽談，首先拿起電話來撥著電話的轉盤，好不容易撥通，和公司的負責人正要決定洽談的時間和場所時，結果電話卻忽然切斷了。或是在談話中夾雜著如雨聲般的雜音，形成很難聽得清楚的狀況。急躁的駐在員會因爲電話而非常生氣，甚至丟掉辦公桌上的電話。

「碼電」是中國以往與遠隔地之間傳達訊息的一種傳達手段。每一個國字都有四位

表22—1 電話回線成長率

	1980－85年	1986－90年	1991年	1992年	1993年
電話回線成長率	平均8％	平均17％	23％	36％	40％
GNP 成長率			11.1％	12.8％	13.4％

表22—2 電話加入者數及普及率

（台/100人）

高普及率地方省市			低普及率地方省市		
北京市	664千人	13.00％	廣西省	291千人	0.80％
上海市	1,082千人	11.68％	西藏	15千人	0.86％
天津市	344千人	6.54％	四川省	645千人	0.88％
廣東省	3,106千人	5.79％	雲南省	253千人	0.90％
遼寧省	988千人	3.67％	河南省	557千人	0.94％
福建省	749千人	3.55％	貴州省	117千人	0.97％

（出處）：『四川通信報』，全國17,328千人，平均2.15％。

數的號碼。要將中文的內容傳達到遠隔地時，將這個國字的四位數字，一字一字打在電報上來傳達內容。

與中國的交易，就是在這種通信狀況和手段之下進行商談的。

開放體制之後，經過十幾年來，中國的通信狀況有了顯著的進步，今後迎向二十一世紀相信會更爲進步。

(2) 電氣通信的概要

中國的電氣通信情況，視電話的普及狀況，發現改革開放政策移行之後的一九八〇年和一九九三年的電話台數比較時，發現約成長了六倍（一九八〇年、四二〇萬台，一九九三年、二六一三萬台）。此外，這個期間的電話回路之成長率如表22—1所示急速發展。這幾年來，中國經濟持續二位數的成長，而電氣通信事業的發展則超過了這個高度成長率，令人驚訝。

但是與超過十億的人口相比，只有二・一五%的普及率，尤其沿岸地方的普及率急速提高。但內陸部的通信設施，無可否認的非常落後。所以想要急速發展的話，擁有廣大國土的中國電氣通信範圍的發展擴充是不可或缺的。對於這方面一定要有充分的認識，今後在質、量兩方面都要加快發展的腳步。

2 電氣通信範圍的組織體制

在中國有「郵電部」。這個郵電部除了發揮中央政府的郵政、通信的綜合政策、法規、規則、技術基準、事業計劃策定機能之外，也合併有日本的NTT、KDD機能爲一綜合組織體。再加上郵電部有製造部門、工程部門，擁有這些機能的郵電部之電氣通信事業，主要是國際通信、以及全國各省間的通信，也就是所謂的「長距離通信事業體」。另外一方面，各省內的長距離通信、市內電話等各地方的通信，則由各地方的郵電管理局管轄，發揮一種省內的「地區電話公司」的機能。各地方的郵電管理局隸屬於中央的郵電部組織下，當然與地方政策結合的色彩濃厚，財政豐富的地方省市會導入設備等，獨自充實電氣通信機能，隨著電話的普及，在郵政、通信等各設施上都非常進步。而最近的傾向則是經濟發展顯著，具有資金力的沿海各地方省市，利用豐富的資金，積極投資設備。

而另外一方面，中央發揮作用，將諸外國的政府借款，投資在地方省市的通信基本建設上，希望能導入提供借款國的電氣通信設備及技術。這些動向，例如：德國與山東、加拿大和河北省、瑞典與廣東省、法國與北京市的關係即可見一斑。而這些動向在通信方面也造成了地方差距。

中國電氣通信事業的擴充發展，並不是只委託於中央的郵電部或地方的郵電管理局。最近中國在電氣通信範圍方面也導入了競爭原理。其動向之一就是一九九四年七月成立「中國聯合通信公司」。以往和郵電部同樣，由中央政府管轄的鐵路部、電力工業部擁有自己的通信網，再加入擁有通信機器製造部門的電子工業部，建立了「中國聯合通信公司」。

以市外通話、移動體通信、無線通信服務爲主加入公衆通信事業。

此外，鋼鐵廠和石油公司等國營的大企業大都擁有獨自的企業內專用線。因此，擁有這些國營大企業的地方省、市，應該要活用廣泛的企業內專用線，形成新的公衆通信網，避免重複投資，進行仔細的服務，謀求因應之道。

③ 電氣通信的發展與外資利用

在中國基本上對於國內的電氣通信事業（公衆電氣通信網、專用線網），不允許外國資本參加。但是通信相關設備的製造與建設部門等方面，對於外國政府的借款及與外國企業之間合併、合資，很早就積極的開放門戶，希望能促進電氣通信事業的發展。

郵電部在一九八三年利用外國借款進行電氣通信事業，而日本的第二次日幣借款（一九八四～八九年），中國用來擴充天津、上海、廣州三都市的電話網，接著第三次日幣借款（一九九〇～九五年）則用來擴充九都市的電話網。利用包括日本在內等來自外國的外資，今後在中國全土三十個省、市、自治區，將會進行交換機、市內外回線增設等通信建設。

以外國的觀點來看，透過提供資金，就能展開自己國家通信設備的銷售。到目前為止，郵電部利用來自外國的借款總額達到五十七億美元，今後將持續積極利用的方針，到二〇〇〇年爲止，可能會利用六十億美元。而在通信相關設備的生產範圍方面，利用合併、合資形態的中國電氣通信事業的發展協助很多。

首先關於交換機生產範圍方面，一九八四年「上海貝爾電話設備製造有限公司」成爲是先設立合併工廠者。後來，德國的西門公司設立「北京國際電話交換系統有限公司」，而日本企業的出資則是「天津日電電子通信工業有限公司」、「江蘇富士通有限公司」。美國的AT&T公司在青島、成都設立ESS生產合併工廠。至於傳送裝置相關的生產方面，日本電氣、富士通、美國的AT&T、法國的亞爾卡提爾等企業陸續設立了合併工廠。此外，最近也設立很多移動通信機器相關的合併、合資企業。

4 飛躍發展的電氣通信產業

(1) 不斷成長的光通信網

在前章敘述過，中國希望利用外資大量導入國內外數據交換機，而這些交換機間的傳送路和市內局間的中繼線大多導入光纜。尤其跨越省間的長距離傳送路，以往使用同

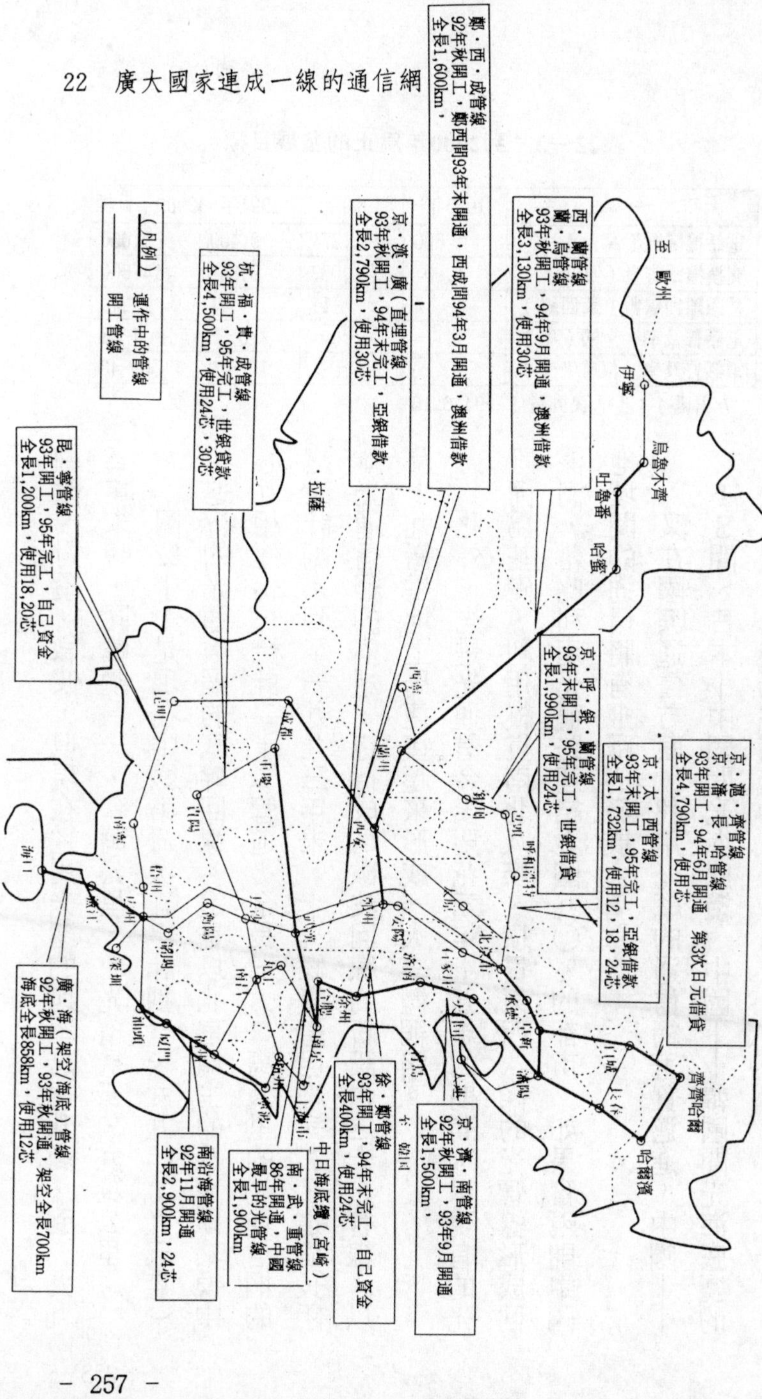
鄭・西・成管線
92年秋開工，鄭西間93年末開通，西成間94年3月開通，澳洲借款
全長1,600km，
西・蘭管線
蘭・烏管線
93年秋開工，94年9月開通，澳洲借款
全長3,130km，使用30芯
京・漢・廣（直埋管線）
93年秋開工，94年末完工，亞銀借款
全長2,790km，使用30芯
杭・福・貴・成管線
93年開工，95年完工，世銀貸款
全長4,500km，使用24芯，30芯
（凡例）
運作中的管線
開工管線
昆・寧管線
93年開工，95年完工，自己資金
全長1,200km，使用18,20芯
京・瀋・齊管線
京・瀋・長・哈管線
93年開工，94年6月開通　第3次日元借貸
全長4,790km，使用芯
京・太・西管線
93年末開工，95年完工，亞銀借款
全長1,732km，使用12，18，24芯
京・呼・銀・蘭管線
93年末開工，95年完工，世銀借貸
全長1,990km，使用24芯
京・濟・南管線
92年秋開工，93年9月開通
全長1,500km，
徐・鄭管線
93年開工，94年末完工，自己資金
全長400km，使用24芯
中日海底纜（宮崎）
南・武・重管線
86年開通，中國最早的光管線
全長1,900km
南沿海管線
92年11月開通
全長2,900km，24芯
廣・海（架空/海底）管線
92年秋開工，93年秋開通，架空全長700km
海底全長858km，使用12芯
至歐洲
伊寧
烏魯木齊
吐魯番
哈蜜
拉薩
齊齊哈爾
哈爾濱
海口

圖22—1　中國長距離光通信網(「八.五計畫」期間)

表22—3　到2000年爲止的發展目標

	1985年	1990年	1994年	2000年目標
電話機總數（萬台）	626	1,274	3,400	9,000
交換機總容量（萬端子）	1,007	2,057	5,857	14,000
長距離回線數（萬回線）	4	11	64	240
電話普及率・全國（％）	－	－	2.5－3	7－8
電話普及率・都市（％）	－	－	15－20	30－40

（出處）：『人民郵電』1994.6.16

軸纜、對纜、微波，但現在採用光纜的比率急速升高，到一九九三年末時，同軸纜爲一・二萬公里，而光纜爲三・九萬公里。

圖22—1是現在中國第八次五年計劃（一九九〇～九五年）所進行的光通信網的基幹回線。這是以北京爲主的八大區交換中心互相連結，合計二十二管道，全長三・二萬公里的光通信網的建設計劃。到了一九九三年末，十一條管道已經完工，這個長距離光通信網的構想，包括成爲微波回線的新設中之十七管線，以及十九衛星地上局連接起來形成一大立體網路。

此外，光是光通信今後要花三年～五年的期間，以現有的光設備爲基礎，利用縱貫南北八條、橫貫東西八條的光管線形成回線網，藉此利用光網路連結全國九〇％的都市。如果實現則中國地域間的通信將有飛躍的發展。

又在國際通信方面，利用光纜的通信網著實邁進，中國——CIS間、日本—中國間光海底纜、中國——韓國間光海底纜的鋪設工程，目前仍在實施中。

(2) 到了二〇〇〇年爲止的發展目標

現在中國主要都市可以與二百二十個國家進行國際通話，有一千七百零九個都市提供大哥大的使用。光纜回線延長在一九九三年末超過三萬九千公里，比前年增加了一六八・八%。微波回線在同年末爲六萬四三六八公里，比前年增加了十八・三%。的確，中國電氣通信範圍的發展非常的進步。

擁有廣大國土以及超過十億人民之中國通信事業的發展，需要付出極大的努力。我認爲中國的電氣通信狀況迎向二十一世紀時將會急速發展。

（奥山喜也）

23 獲得外幣的有力手段－觀光業

① 中國的觀光事業

拜訪中國的外國人不斷增加。九四年到中國大陸的日本旅行者數突破一百萬人大關，中國的觀光外幣收入突破七十億美元。中國政府以吸引觀光五年計劃爲基礎，飛躍的改善旅館狀況、航空狀況。此外，由於日本人旅行者的行動型態多樣化，市場環境產生很大的改變。本章總括敘述現有的難關，以及中國觀光事業的過去與現在的狀況和未來的展望。

中國處理國際觀光事業的機構是中國國際旅行社，於一九五四年創設。同社在一些開放都市設有分公司，負責處理外國觀光客的事件。一九六四年成爲政府一部門的中國旅行遊覽事業管理局設置了。但是在一九六七年到一九七六年爲止的十年內，受到文化大革命的影響，觀光事業停頓。一九七八年重新復活的事業管理局升格爲旅遊總局，就在所有的省、直轄市、自治區都設置了旅遊局。

在召開中共第十一屆三中總會之前的一九七八年十月，有「改革、開放總設計師」之稱的鄧小平，對於旅遊總局的負責人反覆強調：「應該要發展觀光事業……如果接待一位旅行者能賺一千美元，則接待一千萬人就能賺一百億美元。哪怕只是一半，也能賺到五十億美元。」

一九七八年十一月，國務院提出關於「全國旅遊工作座談紀要」相關指示，將國際觀光視爲有力手段，將「國際親善的增通」與「獲得外幣」視爲國家的政策之一。

國家至上命令則是吸引外國旅客，藉此獲得外幣。而接受這至高無上的命令之執行機構就是在省、直轄市、自治區的旅遊局之下設置的許多旅行公司。

一九九三年末，國際旅行社、中國旅行社、青年旅行社等各種旅行公司，在全國有三千二百三十八家。這些旅行公司依實力和規模分爲一類、二類、三類等三種，能夠與海外的旅行公司進行對外聯絡，以及販賣商品的只有一類旅行社而已（一六四家）。二類旅行社則不允許與海外進行直接的交易或販賣，只能進行從一類旅行社那兒接受外國旅行者的地上安排（七〇三家），而三類旅行社則只能夠處理中國人的旅行問題（二千三百七十一家）。一九九四年十月的統計，中央一類旅行社與地方一類旅行社數目總計增加為二百七十八家。

2 國際觀光的狀況

(1) 國民的海外旅行

在以往因為禁止攜出外幣，而一直無法到海外旅行的中國人，隨著開放政策的實行而得到了解禁。海外旅行的目的地大多是香港、新加坡、馬來西亞、泰國等東南亞地區，而大多是以公費出差，或者是公費觀光客較多（公費觀光客是指為了進行改革、開放，以海外視察為名義，使用國費到海外旅行者）。

表23—1　國際觀光收入的演變（1978～94年）

區分／年	旅行收入（100萬美元）	前年比（%）
1978	262.90	—
1979	449.27	70.9
1980	616.65	37.3
1981	784.91	27.3
1982	843.17	7.4
1983	941.20	11.6
1984	1,131.34	20.2
1985	1,250.00	10.5
1986	1,530.85	22.5
1987	1,861.51	21.6
1988	2,246.83	20.7
1989	1,860.48	-17.2
1990	2,217.58	19.2
1991	2,844.97	28.3
1992	3,946.87	38.7
1993	4,683.17	18.7
1994	7,323.00	56.3

（註）：根據中國國家統計局資料

表23—2　日本人到中國旅行者數的演變

1989年	1990年	1991年	1992年	1993年	1994年
358,828	463,265	640,859	791,523	912,033	1,141,200

（註）：根據中國公安部資料。

一九九三年八月以後，對於利用公費海外旅行的限制強化，使得海外旅行者的數目減少，現在允許攜帶外幣的少數國民到海外旅行，這是因爲中國政府向世界豎立一個改革、開放的形象所致。

(2) 外國旅行者訪問中國

根據中國國家旅遊局的統計，一九九四年的入國者數爲四千三百六十八萬四千五百人，其中外國人爲五百一十八萬二千一百人，比前年增加了十一．三％。此外，觀光外幣收入比前年增加了五六．三％，達到七十三億二千三百萬美元（表23—1）。一九七八年鄧小平所估計的五十億美元之夢想已經實現了。

(3) 日本旅行者訪問中國

一九六五年三月六日，戰後最初的訪中旅行團出發，開始了戰後日本人中國旅行的歷史。一九七二年中日建立邦交後，訪問中國的日本旅行者逐漸增加。八九年受到天安門事件的影響銳減，中國方面積極吸引觀光，到了九

○年以後逐漸復原，九四年日本旅行者以國別來看，最高時達到一百一十四萬一千二百人（表23—2、表23—3）。

到目前爲止，日本人到中國旅行的形態，是與日本人海外觀光渡航自由化的一九六四年以後之成長過程類似。初期的中國旅行是以業務目的爲主，爲附帶限制的旅行，旅行者的構成單位是以團體旅行爲基本。後來從以往的大型團體變爲中型規模，而最近包括業務渡航在內，個人旅行有增加的傾向。

在世界呈現不景氣的狀況中，業務渡航者有減少傾向，但是，只有中國隨著轉移爲市場經濟，經濟成長顯著，商業人士、投資家、企業經營者訪中國的情況持續增加。急速成長的經濟特區深圳和廣州等華南經濟圈，以及藉著外國的投資大規模開發的上海、大連等，日本企業的熱情導致產業視察團體的增加。

根據日本法務省入出國管理統計，九三年訪中的日本人總數達到六十七萬五千五百

表23—3　排名前15名的外國人入境者數（1994年）

國　名	入境者數(人)	前年比(%)
日本	1,141,200	25.1
舊蘇聯	595,400	−35.9
美國	469,900	17.5
韓國	340,300	79.2
蒙古	301,200	30.7
新加坡	231,900	15.4
馬來西亞	208,700	23.9
菲律賓	184,900	26.0
英國	167,000	8.5
泰國	163,700	7.5
德國	148,800	7.2
印尼	120,400	9.0
加拿大	113,200	7.7
法國	111,800	−2.7
澳地利	109,500	10.3

（註）：根據中國觀光局資料。

一十九人。其中觀光及其他旅行爲四十四萬八百一十二人，短期商用、業務爲二百零七萬四千七百二十人。而與中國方面發表資料之間出現差距，可能是不包括中國入國時經由香港的旅行者在內吧！

總之，與觀光旅行相比較時，業務渡航的比率將近五%，這也可說是現在中國旅行的特徵。

3 國內觀光狀況

中國近年隨著高額所得者的增加，以①廣東珠江三角洲地區、②上海、北京、天津等大都市、③華東地區、西南地區等中小都市的居民和富裕農民爲主，盛行國內觀光。八五～九二年的國內觀光客數爲二二·四億人（成長率爲四·七%），國內觀光收入累計一千二百九十三億元（同十七·七%）。九三年實績，國內觀光客爲四·一億人（其中都市居民爲一·六億人，農民爲二·五億人），觀光收入達到三百二十億元。

國內觀光是形成一個潛在市場，一九九四年二月國家觀光事業委員會確認國際觀光、國內觀光、出國觀光的全面發展方針。

但是，由於「獲得外幣」是國家至高無上的命令，因此，今後長久時間，相信大幅度發展國際觀光的國家基本方針不會變。

4 市場環境的改變與中國旅行的特質

到八〇年代爲止，中國旅行大多是對於昔日封閉的世界——中國，有一種稀有價值和期待感而造成的。但是隨著觀光開放，現在旅行者不論任何人都可以到觀光地去。

隨著中國旅行的現狀變化，在觀光上留下一些課題必須要應付。

(1) 開拓青年市場

中國旅行的需要層爲四十五歲以上的老、熟年層占六〇%強。這類的顧客層現在雖然是顯在需要，但是以將來的觀點來看，不算是中國旅行的中樞。因此，喚起年輕一代的需要是最大的課題。

吸引年輕人到中國，還是必須要改變形象。當然必須有經濟的自由化及提供娛樂、購物的情報。

(2) 整備航空環境以及重新評估運費體系

在中國，現存航空公司的代表企業包括中國東方航空公司（MU）等十三家。此外，還有地方自治體，以及半官半民企業體等積極營運的航空公司。

大家已經知道，中國國際航空公司（CA）由分離獨立的各地管理局進行國內航空的營運，而詳細的部分由於提供的情報不足，令日本的旅行業界深感苦惱。在今後的時代中，中國觀光如果要廣泛的展開，則要將各地方航運的航空公司之基本資料配給旅行業界，要詳細加以介紹才能促進將來的觀光銷路。

而軟體方面的改良，則是重新評估運費體系。如果以距離來比較，則航空運費偏高，中國旅行商品的附加價值一直維持較高的數值，這是其中的要因之一。但是爲配合多樣化消費者事情，重新評估運費體系的時期已經到來。

(3) 安全與提升導遊品質

負責處理中國旅行問題之五十五家日本旅行業者所組織的中國旅行懇談會，九四年在組織內設置「安全對策委員會」，對於旅行者進行安全指導，同時要求中國觀光當局強化安全對策。

最近在中國有不少的旅行者遭到暴力，在餐廳老闆額外要求一些費用，而觀光導遊則帶旅行者去購買土產，不到觀光地觀光，形成很多的問題。此外，當地的飛機、鐵路、巴士等一部分交通工具，對於安全運行的考量不夠周全。

最近觀光設備硬體面的抱怨減少、但服務員的道德意識、服務態度、規律方面的抱怨增加了。有導遊將旅行團帶到自已熟悉的店裡去購物，拿回扣，或者帶客人去店裡，勉強客人接受按摩，或者是將昂貴的藥品推銷給客人、私下進行外幣的交易、強要小費等等，這些會造成嚴重的影響。

十年前中國的基本建設不完善，但是，觀光關係者的素質良好。而現在基本設備充實，相反的卻給人拜金主義化的強烈印象。當然好的飯店、餐廳、交通工具的整備、充實很重要，但觀光產業是人服務的產業，因此，培養與觀光有關的優秀人才乃爲當務之急。

(4) 政府部門重視問題

經過十幾年的努力，中國的觀光事業已經由接待外事爲主的「事業」，變成有相當規模的「產業」。此外，觀光產業所創出的經濟波及效果在今日達到一千一百三十六億元，相當於GDP（國內總生產）的三・八％（一九九三年）。但是，雖然顯著發展，而另外一方面，接受姿態的不完善以及情報不足、航空費用太高等問題，以及觀光外幣收入的規模等等，從各方面來看，中國的觀光業比起周邊各國還是很落後，原因之一就是政府相關部門，並未相當重視觀光業。

一九八八年開始的「整理、整頓」政策中，觀光業被視爲「非生產性業種」，因此，成爲「整頓」的重點對象，採取飯店的建築限制與減少國家的投資等限制觀光產業發展的政策。

但是，一九九三年以鄧小平的「南巡講話」爲背景，包括歷史上最初的「九二年中國觀光年」等一連串的觀光宣傳在內，政府部門對於觀光業的關心度大幅度提升。

觀光業界的許多幹部都說：「在政策上，重視中國的觀光業，開始形成大的發展是在一九九二年第一屆中國觀光年開始的。」但是，他們依然覺得不滿的是「觀光業不似對外貿易般的受到政府重視」，或者是「對觀光業的投資太少，對海外的宣傳經費不足」，「包括觀光業法在內，政策上的法規並未健全化」等。

(5) 展望

對於成爲二十一世紀中國經濟牽引車的服務產業期待極大。而負責開放政策一翼的觀光事業，在國民總生產中所占的比率還很小。但是，中國擁有悠久的歷史、燦爛的傳統文化，以及廣大的國土、豐富的大自然。基本建設的改善，接受態勢的強化、充實，以及因應市場需要的多樣化、個性化造成商品等，使得中國的觀光事業有了極大的發展。

九七的香港回歸爲一大起因，旅行者可能會增加，觀光外幣收入，數年內會達到一百億美元。二十一世紀的中國，一定會成爲世界一流的觀光大國。

（劉明）

24 中國的對外貿易—中國經濟成長的牽引車

1 中國對外貿易的現狀

自一九七八年中國「改革、開放」改革開始之後，到一九九三年爲止，中國對外貿易歷年統計如表24—1所示。

看表即可知中國對外貿易大幅度成長。在這時期，一九七八年開始到一九九三年爲止的十六年內，中國的國民總生產（GNP）的年平均成長率僅九・三%，同期的對外貿易年平均成長率爲十六・八%。對外貿易遠超過GNP的成長。

結果，一九七八年世界貿易中，中國對外貿易量只有〇・七五%，排名第三十二位，一九九三年爲二・五%，排名爲第十一位，成爲世界大貿易國之一。

中國經濟的急速發展還比不上國內的固定資產投資（公共投資與設備投資）及輸

表24—1　中國對外貿易（1978～93年）

（單位：億美元）

年	總額	出口	進口	平均	前年比成長率
1978	206.4	97.5	108.9	－11.4	
1979	293.3	136.6	156.7	－20.1	142.1
1980	381.4	181.2	200.2	－19.0	130.0
1981	440.3	220.1	220.2	－0.1	115.4
1982	416.1	223.2	192.9	30.4	94.5
1983	436.2	222.3	213.9	8.4	104.8
1984	535.5	261.4	274.1	－12.7	122.8
1985	696.0	273.5	422.5	－149.0	130.0
1986	738.5	309.4	429.0	－119.6	106.1
1987	826.5	394.4	432.2	－37.8	111.9
1988	1,027.9	475.2	552.8	－77.6	124.4
1989	1,116.8	525.4	591.4	－66.0	108.7
1990	1,154.4	620.9	533.5	87.5	103.4
1991	1,357.0	719.1	637.9	81.2	117.6
1992	1,656.1	850.0	806.1	43.9	122.0
1993	1,957.1	917.6	1,039.5	－121.9	118.2

（註）：本表在1979年以前是基於對外經濟貿易部的統計，1980年以後基於『海關統計』作成。

（出處）：『中國統計年鑑1992』，『中國統計年鑑1994』。

出。一九九三年中國GNP的貿易依賴率（輸出入額／GNP）爲三五．九%，非常的高（同年，美國爲十六．五%，日本爲十四．四%）。

換言之，中國經濟透過對外貿易與世界經濟緊密結合，形成與世界經濟密不可分關係。

2　中國對外貿易的特徵

中國對亞洲主要國、地區的貿易實績如表24—2所示。

看表即可知，中國對外貿易顯著偏重於亞洲。其中除了日本以外，以NIES的貿易比重較高。

表24—2　1992年，1993年中國對亞洲主要國、地區的貿易實

（單位：億美元，%）

	1992年		1993年	
	進出口總額	中國對外貿易總額中所占的比率	進出口總額	中國對外貿易總額中所占的比率
中國對外貿易總額	1,656.10	100	1,957.10	100
亞　　洲	1,100.90	66.5	1,152.10	58.9
香　　港	580.50	35.1	325.30	16.6
台　　灣	65.60	4.0	143.90	7.4
韓　　國	50.30	3.0	82.20	4.2
新　加　坡	32.70	2.0	48.90	2.5
NIEs　計	729.10	44.1	600.30	30.7
印　　尼	20.30	1.2	21.40	1.1
馬　來　西　亞	14.80	0.9	17.20	0.9
泰　　國	13.20	0.8	13.50	0.7
菲　律　賓	3.70	0.2	4.90	0.3
ASEAN　計	52.00	3.1	57.70	3.0
日　　本	253.60	15.3	390.30	19.9
（參　考）				
美　　國	174.90	10.6	276.50	14.1
歐　　洲	274.50	16.6	404.10	20.7

（註）：根據中國1993年的統計，以經由香港的進出口爲原產地，最終目的地來計算，因此，93年由於香港本身的貿易量減少，故日、美、歐大幅地增加。

（出處）：根據『中國統計年鑑1994』。

表24—3　中國進出口總額中所占的外資系企業的比例

（單位：億美元）

	出口額			進口額			進出口總額		
	全體	外資企業	比例(%)	全體	外資企業	比例(%)	全體	外資企業	比例(%)
1992年	850.0	173.6	20.4	806.0	263.9	32.7	1656.3	437.5	26.4
1993年	917.6	252.4	27.5	1039.5	418.3	40.2	1957.1	670.7	34.3

（出處）：根據中國方面的發展作成。

其理由就是NIES．ASEAN大約有五千萬民的華人人口，基於血緣、地緣的關係，就有很多的商機，而且由於經濟發展階段的不同，形成具有互補關係的貿易需要。

中國對外貿易的第二特徵，就是這個國家已經成爲一大工業製品輸出國。一般人認爲中國的輸出品應是原燃料、農產品爲主，但是實態完全不同。

一九八〇年，中國的輸出總額爲一八一．一九億美元，其中，原燃料、農產品等第一次產品爲九一．一四億美元（五〇．一三％），工業製品爲九〇．〇五億美元（四九．七％），而一九九三年時，輸出總額九一七．六三億美元當中，一次產品爲一六六．七五億美元（十八．一％），工業製品爲七五〇．八八億美元（八一．九％）。換言之，即製品輸出達到八成以上。

第三特徵就是所謂外資系企業成爲中國對外貿易的一大助力。

在別項中已經介紹過，一九七八年中國轉爲「改革、開放」政策以來，諸外國、地區在中國陸續增加直接投資設立的外資系企業。

這些企業在建設工廠時，從海外輸入機械設備，建設資材，開始生產後，輸入生產所需要的一部分原料、資材，而輸出製品。這些輸出入額在中國的輸出入總額中所占的比率逐年增加。詳細情形請參照表24—3。

3 中日貿易的現狀

根據日本大藏省通關統計，一九九四年，中日間貿易總額達到四六二·四五億美元，與九三年比較時增加了二二·二%。中日貿易額連續四年刷新過去最高記錄。一九九三年以來，對中國而言，日本爲第一貿易國。反之，對日本而言，超過四六二億美元的中國，成爲僅次於美國的第二貿易國。

日本對中輸出在一九九四年達到一八六·八〇億美元，比前年增加了八·一%，但是，與在此之前的一九九一年到九三年間的年平均四〇%左右的成長率相比，成長率鈍化。

理由就是從一九九三年秋開始，中國爲了抑制經濟過熱、通貨膨脹的現象，實行金融緊縮政策，中國的投資減少，需要家的資金籌措困難，而另外一方面，對日本而言，日幣持續升值，使得日本企業的輸出競爭力降低。

來自中國的輸入，從一九九一年到九三年爲止，年平均成長率將近二〇%，但從九四年開始，比前年增加三四·○%，持續較高的成長率，達到二七五·六五億美元。

隨著對中國投資的增大，當然製品的反輸入增加，即使不投資，委託加工、開發輸入等方式，也使得輸入順利增加，中國的人民幣較便宜是促進中國輸出的主要原因。

一九七二年中日建交之後，尤其一九七八年的改革、開放以後，中日兩國間的貿易量大增，輸出入的商品構成依兩國經濟環境不同而有很大的變化。日本方面的輸入，舉例說明，像一九八三年，原油四一%、纖維原料、製品（綿花、生絲等）十六%，食品飲料一○%為大宗進口品，一九九四年，纖維製品（主要為衣服）三六%，食品飲料十七%，其他（雜貨）十六%，乃為排名前三名的物品。

由這些數字即可知，中國輸往日本的製品很多，全輸出的七一·二%為製品。這也說明中日間的貿易，並非工業製品或一次產品交換的垂直型貿易，而為水平分業的貿易關係。

現在，在日本的社會家庭充滿了中國製品。各種罐頭食品、衣物、寢具、家具、傘、運動鞋等都是，這幾年來，連各種家電、機械類、鋼材等的輸入急增。

4 中國對外貿易的展望

在探討對外貿易的展望時，當然必須要以中國將來本身的預測爲前提。美國防部在九四年八月的報告書「近未來的中國」，表示中國在五～七年內分裂瓦解的機率爲五〇%。史丹佛大學的波爾・克爾格曼教授在其論文「炫目的亞洲經濟」中，指出包括中國在內，東亞經濟的成長無法持續，十五年後東亞經濟的預測，應該不符合最近的傾向。而既然是貿易，當然要有對象，世界各國經濟的好壞，當然對中國對外貿易也會有影響。

關於對於這些問題的回答，在此暫且不提，本項以保持近未來中國政治、社會的安定，中國經濟持續的成長，持續諸外國對中的投資，諸外國經濟與現在相同不會改變爲前提而探討下去。

先前敘述過，一九七八～九三年中國對外貿易的年平均成長率爲十六・八%，一九九四年輸出入總額達到二千三百六十七億美元。今後若以這個成長率來看，到二千年時這個國家對外貿易額超過六千億美元，爲接近現在日本的水準（一九九四年，約六千七百億美元）的數字。

但是，實際問題是隨著中國經濟規模的擴大，需要抑制通貨膨脹，而經濟成長的成長率當然會比現狀更爲鈍化。同時，中國對外貿易的成長率也會降低。

中國政府認爲中國GNP適當成長率應該維持在八～九%，對外貿易成長率應該超過若干。如果年成長率平均爲一〇%，則二〇〇〇年的貿易總額應爲四千二百億左右的數字。

中國專家預測，二〇〇〇年的對外貿易總額爲四千億美元（日本國際貿易促進協會發行『國際貿易』一九九五年二月十四日號）。

根據說明，二〇〇〇年中國輸出商品中，機械、電機、電子製品由現在的第二位躍升爲第一位，纖維製品、輕工業品、農產物加工品、資源的商品，持續是重要的輸出商品，但其比重，可能由於輸出競爭力的降低，或是國內需要較高等理由而降低。這些商品的輸出總額估計爲二千億美元。

在能夠維持外幣收支平均的前提之下，二〇〇〇年的輸入額，估計與輸出同額爲二千億美元，但是這個金額是一九九四年輸入額的一倍。而二千億美元的輸入品項目，生產材佔八成，消費材佔二成是較健全的構想。

總之，今後中國將會成爲一大輸出國，一大貿易國。

中國將廉價商品大量提供給ＮＩＥｓ・ＡＳＥＡＮ等亞洲諸國，抑制世界通貨膨脹，引起日本稱爲「價格破壞」的現象。

另一方面，中國成爲以一千億美元、二千億美元爲單位的大量輸入國，是世界一大市場，當然會引起世界，尤其是先進諸國各廠商的注意，由這個意義來看，這個市場也可說是先進諸國景氣循環之緩衝地帶。

由於中國對外貿易的急速發展，當然今後與諸外國的經濟摩擦、貿易摩擦的激烈化，也是預料中的事。

爲了防範於未然，在問題發生後的解決場，就是中國要儘可能加入ＷＴＯ（世界貿易組織）。

一九八六年，中國申請恢復ＧＡＴＴ締約國的地位，持續八年，透過在日內瓦的作業部會與各加盟國交涉，同時努力降低關稅、修改貿易規定，作了各種努力。九四年末，ＧＡＴＴ結束，ＷＴＯ成立的前一夜，這個交步決裂。決裂的理由是中國方面認爲已做了各種的讓步，而他國尤其是與美、歐、日等先進諸國之間的要求，還有一大段差距。但是，等到一九九五年二月末，中美之間智慧財產權的交涉妥協之後，這個距離縮短了一大步，才能朝向好的方向發展。

總之，今後以中國經濟的躍進爲背景，中國對外貿易在國際範圍內，將有健全的發展。

（橫堀　谿）

後記

我們在九〇年夏天成立了中國問題的研究會。在「天安門事件」的翌年，對於中國的「改革、開放」政策該如何展開，是否無法進行，大家不斷的研究，增強分析力。

所幸中國的「改革、開放」政策依然健在，雖然有一些問題存在，但是每個月我們仍會召開研究會，命名為「中國研究懇談會」，每月的第三個星期五舉辦，通稱為「三金會」。

成員包括私立大學學者、研究員、企業的中國負責人、大衆傳播媒體的中國問題負責人、官僚等，總共約三十人。雖然是一般的討論，研究者與官僚和企業實務者很難進行意見交換。研究者方面想知道的事情，對於實務者而言卻是「企業祕密」。

關於這些問題，大家必須要敞開心扉互相商量，才能夠成為有益的情報而加以活用。我們的驕傲，就是原則上「三金會」的成員，目前每個月都會請講師來演講。

持續五年的研究會，由於一些無法公開發表的情報，雖然只有三十人，但是對於讓日本人了解中國，畢竟不是一種損失嘛－的情報並不少。因此，請這些人基於個人的立場，寫下本書的內容。對於我們這個研究會而言，這是首次出版的書籍，內容配合各專門範圍，請專人書寫，可以說是水準極高的書。

矢吹　晉
平田昌弘

編著者介紹

中江要介

1922年出生於日本大阪市。1947年畢業京都大學法學部。進入外務省，曾任法國大使館、巴西大使館、聯合國代表部、亞洲局長、埃及大使、中華人民共和國大使。現任三菱重工業顧問、中國研究懇談會會長、中日經濟知識交流會委員、中日關係史學會會長等。

矢吹　晉

1938年出生於日本郡山市。62畢業於東京大學經濟學部。曾任東洋經濟新報社記者、亞洲經濟研究所研究員，橫濱市大學助教、香港日本總領事館研究員。現任橫濱市立大學教授。著書包括『文化大革命』、『毛澤東與周恩來』、『鄧小平』、『圖說中國經濟增補改訂版』、『失去鄧小平的中國經濟』等。

平田昌弘

1940年出生於中國遼寧省瀋陽市。63年畢業於早稻田大學政經學部。進入每日新聞社工作、曾任社會部、香港中文大學語文研習所、香港特派員、大和證券中國業務部、中國社會科學院客座研究員，大和總研經濟調查部人員。現任九州國際大學教授。著書包括『中國資本主義革命的未來』等。

執筆者介紹

前言　中江　要介　三菱重工業　顧問，前駐中華人民共和國大使

第一部　中國的政治、軍事的改變

1　矢吹　　晉　橫濱市立大學　教授
2　高橋　　博　PP 通信社　編輯部　部長
3　高井　潔司　讀賣新聞社　外報部　次長
4　茅原　郁生　防衛廳　防衛研究所　亞太地區事務負責室長
5　澤田　ゆかり　亞洲經濟研究所　地域研究部
6　山本　善德　大和總研　亞洲調查部　代理課長
7　小林　幹夫　共同通信社　經濟通信局海外危機情報主編

第二部　中國的經濟、金融的改變

8　平田　昌弘　九州國際大學　教授，大和總研客座研究員
9　高柳　靖子　經濟企畫廳　調查局海外調查課　負責中國經濟問題
10　小島　末夫　日本貿易振興會　中國・北亞團領導者
11　淺川あや子　日本綜合研究所　特別研究本部
12　影山廣美　東京銀行　亞洲業務推進室　代理室長
13　山本　善德　大和總研究　亞洲調查部　代理課長

第三部　中國的產業、企業的改變

14　杉本　　孝　新日本製鐵　經營企畫部　代理部長
15　松本　和夫　荏原製作所　國際事業部　東亞室室長
16　傑井　弘雄　東芝國際服務　國際事業推進事務負責部長
17　渡邊　眞純　廣芸インテック　監察幹部，前五十鈴汽車北京事務所長
18　村瀬　　廣　（財）煤利用綜合中心　國際協力室調查幹部
19　茅原　郁生　防衛廳　防衛研究所　亞太地區事務負責室長
20　阿部　康男　岡崎嘉平太國際獎學財團　事務局長
21　根岸　宏和　日本通運　國際運輸事業部　中國團體負責部長
22　奥山　喜也　住友商事　前中國貿易部代理部長
23　劉　　　明　櫻美林大學　研究所　國際學研究科，日本觀光學會會員
24　橫堀　　谿　三井物產　海外統括部　參謀

大展出版社有限公司	圖書目錄
地址：台北市北投區11204 致遠一路二段12巷1號 郵撥： 0166955～1	電話：(02) 8236031 8236033 傳眞：(02) 8272069

・法律專欄連載・電腦編號 58

台大法學院 法律學系／策劃 法律服務社／編著

①別讓您的權利睡著了1 200元
②別讓您的權利睡著了2 200元

・秘傳占卜系列・電腦編號 14

①手相術 淺野八郎著 150元
②人相術 淺野八郎著 150元
③西洋占星術 淺野八郎著 150元
④中國神奇占卜 淺野八郎著 150元
⑤夢判斷 淺野八郎著 150元
⑥前世、來世占卜 淺野八郎著 150元
⑦法國式血型學 淺野八郎著 150元
⑧靈感、符咒學 淺野八郎著 150元
⑨紙牌占卜學 淺野八郎著 150元
⑩ＥＳＰ超能力占卜 淺野八郎著 150元
⑪猶太數的秘術 淺野八郎著 150元
⑫新心理測驗 淺野八郎著 160元
⑬塔羅牌預言秘法 淺野八郎著 200元

・趣味心理講座・電腦編號 15

①性格測驗１ 探索男與女 淺野八郎著 140元
②性格測驗２ 透視人心奧秘 淺野八郎著 140元
③性格測驗３ 發現陌生的自己 淺野八郎著 140元
④性格測驗４ 發現你的真面目 淺野八郎著 140元
⑤性格測驗５ 讓你們吃驚 淺野八郎著 140元
⑥性格測驗６ 洞穿心理盲點 淺野八郎著 140元
⑦性格測驗７ 探索對方心理 淺野八郎著 140元
⑧性格測驗８ 由吃認識自己 淺野八郎著 160元

⑨性格測驗９	戀愛知多少	淺野八郎著	160元
⑩性格測驗10	由裝扮瞭解人心	淺野八郎著	160元
⑪性格測驗11	敲開內心玄機	淺野八郎著	140元
⑫性格測驗12	透視你的未來	淺野八郎著	160元
⑬血型與你的一生		淺野八郎著	160元
⑭趣味推理遊戲		淺野八郎著	160元
⑮行爲語言解析		淺野八郎著	160元

・婦 幼 天 地・電腦編號 16

①八萬人減肥成果	黃靜香譯	180元
②三分鐘減肥體操	楊鴻儒譯	150元
③窈窕淑女美髮秘訣	柯素娥譯	130元
④使妳更迷人	成　玉譯	130元
⑤女性的更年期	官舒妍編譯	160元
⑥胎內育兒法	李玉瓊編譯	150元
⑦早產兒袋鼠式護理	唐岱蘭譯	200元
⑧初次懷孕與生產	婦幼天地編譯組	180元
⑨初次育兒12個月	婦幼天地編譯組	180元
⑩斷乳食與幼兒食	婦幼天地編譯組	180元
⑪培養幼兒能力與性向	婦幼天地編譯組	180元
⑫培養幼兒創造力的玩具與遊戲	婦幼天地編譯組	180元
⑬幼兒的症狀與疾病	婦幼天地編譯組	180元
⑭腿部苗條健美法	婦幼天地編譯組	180元
⑮女性腰痛別忽視	婦幼天地編譯組	150元
⑯舒展身心體操術	李玉瓊編譯	130元
⑰三分鐘臉部體操	趙薇妮著	160元
⑱生動的笑容表情術	趙薇妮著	160元
⑲心曠神怡減肥法	川津祐介著	130元
⑳內衣使妳更美麗	陳玄茹譯	130元
㉑瑜伽美姿美容	黃靜香編著	180元
㉒高雅女性裝扮學	陳珮玲譯	180元
㉓蠶糞肌膚美顏法	坂梨秀子著	160元
㉔認識妳的身體	李玉瓊譯	160元
㉕產後恢復苗條體態	居理安・芙萊喬著	200元
㉖正確護髮美容法	山崎伊久江著	180元
㉗安琪拉美姿養生學	安琪拉蘭斯博瑞著	180元
㉘女體性醫學剖析	增田豐著	220元
㉙懷孕與生產剖析	岡部綾子著	180元
㉚斷奶後的健康育兒	東城百合子著	220元
㉛引出孩子幹勁的責罵藝術	多湖輝著	170元

㉜培養孩子獨立的藝術	多湖輝著	170元
㉝子宮肌瘤與卵巢囊腫	陳秀琳編著	180元
㉞下半身減肥法	納他夏・史達賓著	180元
㉟女性自然美容法	吳雅菁編著	180元
㊱再也不發胖	池園悅太郎著	170元
㊲生男生女控制術	中垣勝裕著	220元
㊳使妳的肌膚更亮麗	楊　皓編著	170元
㊴臉部輪廓變美	芝崎義夫著	180元
㊵斑點、皺紋自己治療	高須克彌著	180元
㊶面皰自己治療	伊藤雄康著	180元
㊷隨心所欲瘦身冥想法	原久子著	180元
㊸胎兒革命	鈴木丈織著	180元
㊹NS磁氣平衡法塑造窈窕奇蹟	古屋和江著	180元
㊺享瘦從腳開始	山田陽子著	180元
㊻小改變瘦４公斤	宮本裕子著	180元

・青 春 天 地・電腦編號 17

①A血型與星座	柯素娥編譯	160元
②B血型與星座	柯素娥編譯	160元
③O血型與星座	柯素娥編譯	160元
④AB血型與星座	柯素娥編譯	120元
⑤青春期性教室	呂貴嵐編譯	130元
⑥事半功倍讀書法	王毅希編譯	150元
⑦難解數學破題	宋釗宜編譯	130元
⑧速算解題技巧	宋釗宜編譯	130元
⑨小論文寫作秘訣	林顯茂編譯	120元
⑪中學生野外遊戲	熊谷康編著	120元
⑫恐怖極短篇	柯素娥編譯	130元
⑬恐怖夜話	小毛驢編譯	130元
⑭恐怖幽默短篇	小毛驢編譯	120元
⑮黑色幽默短篇	小毛驢編譯	120元
⑯靈異怪談	小毛驢編譯	130元
⑰錯覺遊戲	小毛驢編譯	130元
⑱整人遊戲	小毛驢編著	150元
⑲有趣的超常識	柯素娥編譯	130元
⑳哦！原來如此	林慶旺編譯	130元
㉑趣味競賽100種	劉名揚編譯	120元
㉒數學謎題入門	宋釗宜編譯	150元
㉓數學謎題解析	宋釗宜編譯	150元
㉔透視男女心理	林慶旺編譯	120元

國家圖書館出版品預行編目資料

中國的危機與商機/中江要介、矢吹晉、平田昌弘著
林瑞玉譯；——初版，——臺北市，大展，民87
面；21公分，——（超經營新智慧；3）
譯自：中國のリスクとビジネスチャンス
ISBN 957-557-812-0（平裝）
1. 政治—中國大陸 2. 經濟—中國大陸
574.109 87003516

中國的危機與商機

ISBN 957-557-812-0

原著者/ 中江要介、矢吹 晉、平田昌弘
編譯者/ 林 瑞 玉
發行人/ 蔡 森 明
出版者/ 大展出版社有限公司
社 址/ 台北市北投區（石牌）致遠一路2段12巷1號
電 話/（02）28236031・28236033
傳 真/（02）28272069
郵政劃撥/ 0166955-1
登記證/ 局版臺業字第2171號
承印者/ 國順圖書印刷公司
裝 訂/ 嶸興裝訂有限公司
排版者/ 弘益電腦排版有限公司
電 話/（02）27403609・27112792
初版1刷/ 1998年（民87年） 3月

定 價/ 250元

大展好書 好書大展

大展好書 好書大展